樋口哲子【著】
中島岳志【編・解説】

父ボース

追憶のなかのアジアと日本

白水社

父　ボース

追憶のなかのアジアと日本

まえがき

樋口哲子さんと最初にお目にかかったのは、一九九八年六月のことだった。場所は東京の原宿。ラース・ビハーリー・ボースが一九二〇年代から住み続けた家の跡地だ。

ボースの住んでいた家の面影は全くなく、今は近代的なビルが建っている。ただ、「RBビル」という建物の名前だけが、彼の存在を原宿の街に刻み込んでいる。

哲子さんは別の場所に居を構えられ、この場所には住んでいない。この日はわざわざ原宿までご足労いただいた。

「どうも、はじめまして」

微笑みながら私を迎えてくださったその姿は、モノクロームの写真の中のボースそっくりだった。

思わず、「ボースだ!」と心のなかで叫んだ。

それほど、哲子さんの姿は、私の中のボースそのものだった。

胸の鼓動が高まった。

＊

当時、私は戦前期の日本で活躍したインド人革命家ラース・ビハーリー・ボースについて、卒業論文を執筆していた。

ボースは戦前の日本人にはよく知られた人物であったが、戦後はすっかり忘却の彼方へ追いやられ、「新宿中村屋にインドカリーを伝えた人」ということ以外では、ほとんど言及がなされなかった。彼の書いた本や論文は、古本屋や図書館の片隅に放置され、それを丁寧に読み返す人は、めったにいなかった。

しかし、私は彼の生涯に強い関心を抱いた。それは彼のたどった軌跡が、アジア諸国との関係が改めて問われている現代日本において、非常に示唆に富むものであると考えたからである。

ボースの生涯は、苦悩と悲しみの連続であった。

一九二〇年代のインド独立運動を代表する指導者の一人であったボースは、イギリス人の執拗な追跡から逃れるため、一九一五年に日本に逃亡する。しかし、彼は日英同盟下の日本でも追っ手から逃れることができず、頭山満らの計らいで極秘裏に新宿中村屋に潜伏。のちに地下生活を支えた創業者、相馬愛蔵・黒光の娘（俊子）と結婚し、一男一女を授かった。

インド独立を目標とするボースにとって、亡命先の日本は最も頼るべき国だった。日露戦争に勝利し、植民地支配に苦しむアジア諸国にとって、日本は希望の星だった。しかし、その日本は、次第にアジア諸国に対する植民地帝国としての姿を露にし始める。ボースは来日当初、そんな日本を果敢に批判した。日本の中国政策を問題視し、「日本よ！何処に行かんとするか？」と厳しい姿勢で問いただした。

しかし、日本の帝国主義化は止まらなかった。満州事変・日中戦争と事態は進展し、アジアにおける日本の軍事的支配は拡大した。

この流れを阻止することはできないと判断したボースは、満州事変あたりを境に、戦略的に日本批判を封印した。彼は、日本の帝国主義的歩調に柔軟に対応し、日本の軍事力を使ってインドの解放を目指す道を探り始めた。これが功を奏してか、彼は次第に日本におけるオピニオンリーダーの一人として活躍の場を広げ、著書の出版や各地での講演を繰り返した。軍部との人的交流も深め、政治的影響力を拡大させた。

しかし、彼の苦悩は消えなかった。

周囲には「日本はイギリスのようにならないように」とさりげなく注意を喚起し、在日朝鮮人の親友・秦学文とは、互いの苦しい立場を慮りつつ、涙を流しながら酒を酌み交わした。インド独立という目標と日本の帝国主義との狭間で、ボースは悩み続けた。

ボースは「大東亜」戦争時に、一躍脚光を浴びる。マレー半島・シンガポールのインド人兵士を結集した「インド国民軍」のトップに立ち、指揮を振るうことになったのだ。しかし、多くのインド人たちからは「日本の傀儡」と見なされ、求心力を保つことはできなかった。結局、年少で同郷の英雄スバース・チャンドラ・ボースにトップの座を譲り渡し、ひっそりと日本に帰国した。そして、一九四五年一月、日本の敗戦もインド独立も見届けぬまま、自宅で息をひきとった。

*

それから五〇年以上が経ち、私は原宿の自宅跡で哲子さんと向き合っていた。

哲子さんは、父ボースのさまざまなエピソードを話してくださった。同志の在日インド人との関係や頭山満との関係、家族に見せる父としての顔など、すべての話が私にとっては貴重なものだった。そしてそれ以上に、父に対する思いを明るく率直にお話くださる哲子さんの人柄に、私はひき込まれていった。

「ボースは哲子さんのような魅力的な人だったんだろうな」

時折、私はボースと時空を超えて話をしているような錯覚を楽しみながら、哲子さんのお話を伺った。

そして、思った。

この話は、何としてでも活字にして残さなければならない、と。

哲子さんの父ボースをめぐる記憶の中には、二〇世紀前半のアジア史にとって非常に重要なものが含まれていた。自己の所与の条件を引き受けつつ、さまざまな葛藤と苦悩の中に生きた一人のインド人革命家の知られざる素顔は、戦前の記憶が風化する今日にこそ伝えなければならないものだと思った。

「いつか哲子さんから本格的な聞き取りをして、それを本にまとめなければならない」

そんな思いを強くしながら、私は原宿の街をあとにした。

＊

それから八年経った二〇〇六年、機会はようやく訪れた。

拙著『中村屋のボース　インド独立運動と近代日本のアジア主義』の版元の白水社が、哲子さんのお話をまとめて出版する決定をしてくれた。

私はすぐに哲子さんにそのことをお伝えし、長時間のインタビューに応じていただけるようお願いをした。

「私の話に、価値があるのかしら」

はにかみながらそうおっしゃる哲子さんを説得して、私は再びお話をお聞きする機会をいただいた。

二〇〇六年の冬から二〇〇七年の春にかけての計四回。哲子さんは、私と本書の担当編集者・須山岳彦さん、デザイン担当の矢萩多聞さんの三人によるインタビューに応じてくださった。

哲子さんの話は、毎回、実に面白かった。

実の娘でしか知ることのできないボースの日常を、愛情たっぷりにお話くださった。

「哲子さんは、本当に父ボースのことを愛しているのだな」と強く感じた。時に、涙がこぼれそうになった。

インタビュー終了後、録音したものを文字に起こし、それを私が編集して文章化した。そして、その原稿を哲子さんにお渡しし、修正・加筆していただいた。そして本書が完成した。

この記録が、非常に貴重なものであることは間違いない。ボースをめぐる史実が豊かなものとなったばかりでなく、戦前の激動期を懸命に生きた一人の女性の記録としても重要である。また、相馬黒光や新宿中村屋をめぐる昭和初期の文化史にも、新たな一ページを加えることになるだろう。哲子さんが長らく保存されてきた写真の数々も、初公開のものが多く、史料的価値は高い。

編者として、本書が多くの人に読まれることを心から願っている。そして、ラース・ビハーリー・ボースという魅力的な人物が、戦前の日本で苦悩を抱えながら懸命に生きていたことを知っていただきたいと思う。

最後に、私のような者に、度々、貴重な時間を割いてくださった樋口哲子さんに、心からお礼を申し上げたい。また、担当編集者の須山さん、デザイナーの多聞さんにも心から感謝の意を述べたい。
本書の出版が実現し、私は本当にうれしい。

二〇〇七年一二月　中島岳志

父ボース

目次

第三章

「平凡に暮らせよ」

解説

写真で見るボースの歩み

第一章

インドから遠く離れて

父がやってきた場所

父の生まれは一八八六年です。インドの東部、ベンガル地方の農村部で産声を上げました。その後、当時の英領インドの首都・カルカッタに程近いチャンダンナガルで育ち、そこで学校に通ったそうです。

当時、チャンダンナガルはフランス領で、「シャンデルナゴル」と呼ばれていたそうです。私はインドへ行ったことがないのですが、一九六〇年代に当時大学一年生だった娘がインドへ行き、チャンダンナガルにも足を運びました。そのとき、娘が撮ってきた写真を見たり、話を聞いたりして、父のふるさとに思いを寄せました。

私も、何度かインドには招待していただいたのですが、大東亜戦争中に父が

父の実家付近（チャンダンナガル）

総裁をつとめたインド国民軍の生き残りの兵士が存命で、いろいろと複雑な問題が残っているとのことでしたので、娘の私は行かないほうがいいだろうということになったのです。父のふるさとを踏みしめたい、父が帰ることができなかったインドに行ってみたいという気持ちは大きかったのですが、チャンスを逃してしまい、今日まで実現しておりません。

父はやんちゃな青年だったようです。学校も途中でやめてしまい、母親はいろいろと心配したそうです。結局、父は北インドのシムラーで政府の仕事に従事する父親（ビノード・ビハーリー・ボース）のもとに行き、そこで働くようになりました。また、その後、デーラドゥーンという町の森林研究所の職員として勤め始め、表面的には落ち着いた生活を送っていました。

しかし、この頃から、父は本格的にインドの革命運動に参加し始めます。当時は、イギリスによる革命運動の取締りが厳しかった頃ですから、父は地下活動に従事し、爆弾の製造なども行っていました。

父は一九一二年にデリーで起こった「ハーディング総督爆殺未遂事件」を首謀し、その素性もばれてしまったことから、インド各地を点々とする逃亡生活に入りました。イギリス側は法外な懸賞金を掛け、父を血眼になって探したようです。しかし、結束の強い同志に支えられ、逮捕されることはありませんでした。そして、その逃亡生活の中で、新たな革命のチャンスをうかがっていたのです。

そんな時、大きな事故が起こりました。

ヒンドゥーの聖地・ヴァラナシに潜伏しているとき、準備中の爆弾が突然爆発し、左手の薬指の付け根に大きな傷を負いました。おそらく、緊急処置で傷口をそのまま縫ったのだと思います。のちのちまで、その傷跡は残っていました。手を動かすのにはまったく不自由はしませんでしたが、その傷跡が、イギリスの官憲がボース本人かどうかを見分けるときのポイントになってしまったのです。

結局、その爆弾を使ったラホール兵営反乱計画も失敗に終わり、いよいよインドでの逃亡生活が限界に達します。そして、一九一五年春、インドから脱出することを決意し、チャンダンナガルでその準備に取り掛かりました。

当時、ベンガル地方出身の詩人ラビンドラナード・タゴールがアジア人としてははじめてのノーベル文学賞を受賞しました。その受賞を記念して、一九一五年の夏に日本を訪問するという話がありました。父は、その情報を聞きつけ、タゴールの親類を装うことで日本に逃れることができると考えたのです。

父は、P・N・タゴール（ベンガル語ではP・N・タークル）という偽名を名乗り、カルカッタから船に乗りこみました。そして、シンガポール、香港を経由して、

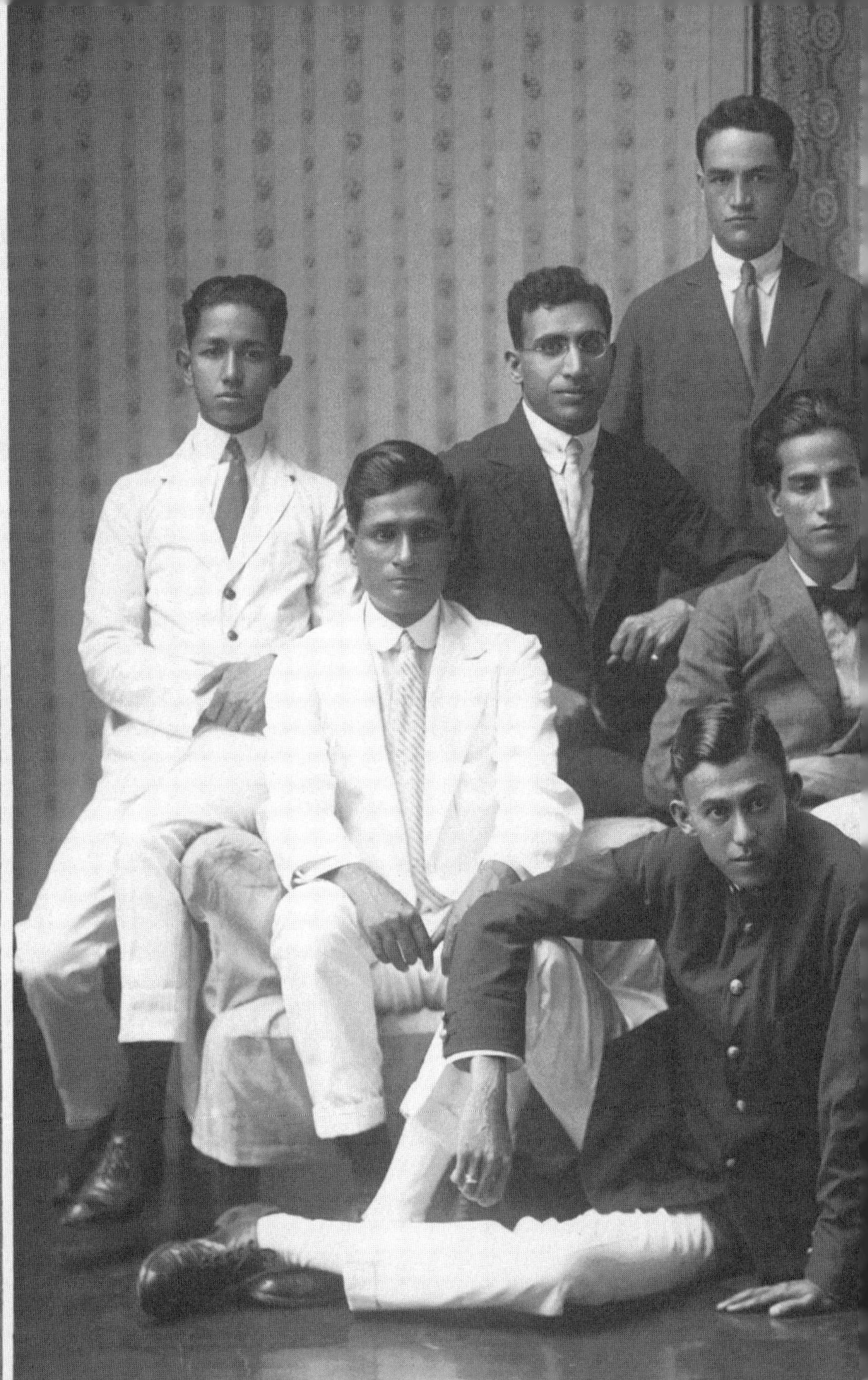

その年の六月に神戸に上陸しました。

結局、このときから生涯、父はインドに帰ることができませんでした。

一九四七年、インドが独立したときには、私自身、いろいろと考えました。父はインドの独立した姿を見たかっただろうな、と。もう一度、インドの土を踏みたかっただろうな、と。

とにかく、このとき船上から見た大地が、父が最後に目にしたインドでした。

〈前頁〉同志たちと

父がカルカッタから乗船した讃岐丸

たどり着いた場所

神戸にたどり着いた父は、汽車に乗って上京します。そして、麻布笄町の裏路地の長屋に身を潜めました。

父はここを拠点に、東京に潜んでいたインド人革命家の同志と連絡を取り合ったようです。そのとき来日中だった孫文さんとも会い、親交を深めました。そして、孫文さんを通じて、頭山満先生とも知遇を得ることができたようです。

しかし、数ヶ月して、父の正体がイギリス大使館にばれてしまい、反英的な集会を開いたことがきっかけで、日本からの五日以内の退去命令が出されました。当時の日本はイギリスとの間に日英同盟を結んでいましたので、日本政府も父の存在を擁護しきれなくなってしまったのです。

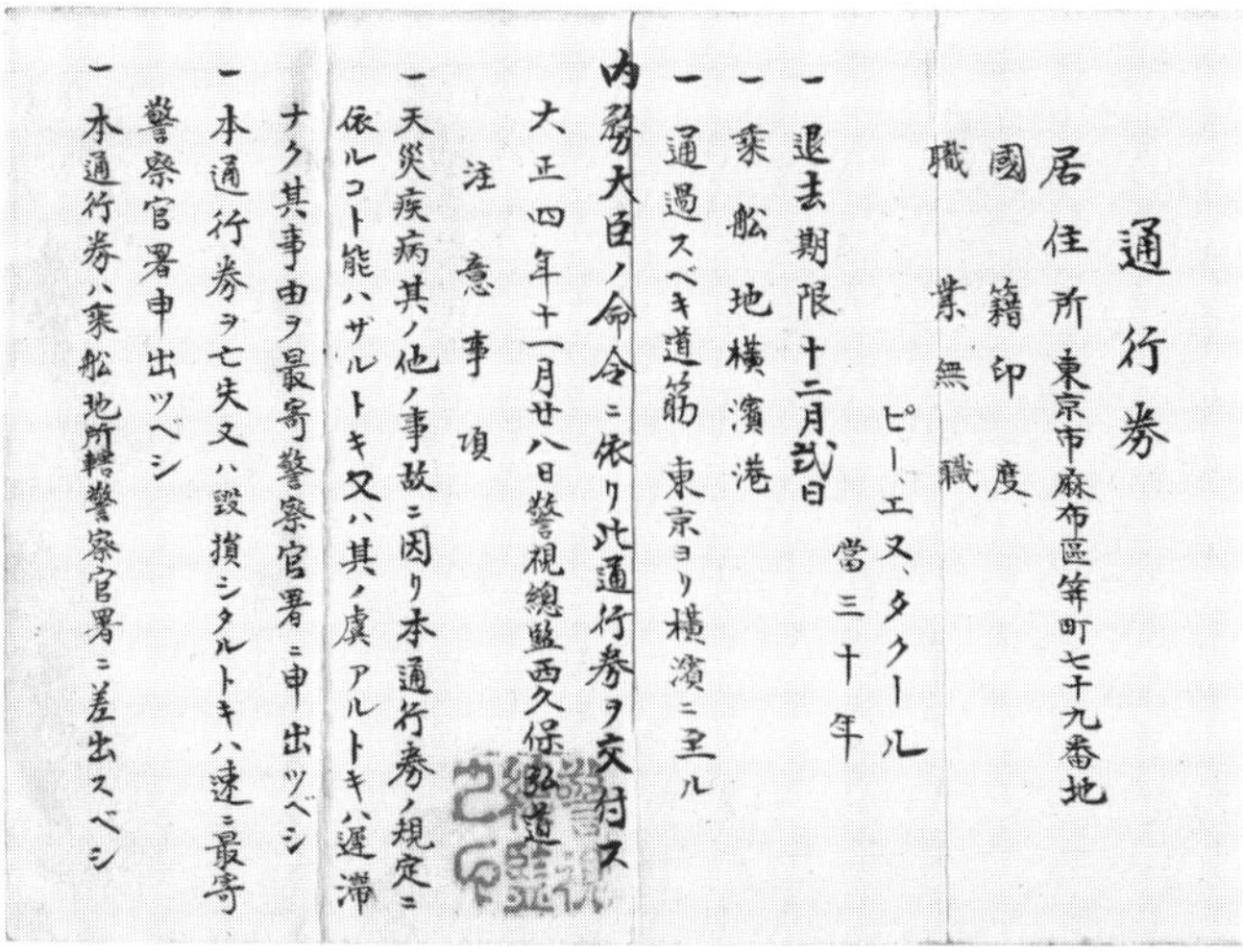

通行券

居住所 東京市麻布區笄町七十九番地
國籍 印度
職業 無職
ピー、エヌ、タクール
當三十年

一 退去期限 十二月貳日
一 乘船地 横濱港
一 通過スベキ道筋 東京ヨリ横濱ニ至ル

内務大臣ノ命令ニ依リ此通行券ヲ交付ス
大正四年十一月廿八日 警視總監西久保弘道

注意事項

一 天災疾病其ノ他ノ事故ニ因リ本通行券ノ規定ニ依ルコト能ハザルトキ又ハ其ノ虞アルトキハ遅滞ナク其事由ヲ最寄警察官署ニ申出ツベシ
一 本通行券ヲ亡失又ハ毀損シタルトキハ速ニ最寄警察官署申出ツベシ
一 本通行券ハ乘船地所轄警察官署ニ差出スベシ

（上）退去命令書
（下）逃走に使用された杉山茂丸所有の自動車（杉山家提供）

結局、父は退去期限が切れる前日の夜、赤坂・霊南坂の頭山先生宅の裏手から逃亡し、杉山茂丸さんの自動車に乗せられて、新宿中村屋に逃げ込みました。父の遺品の中には、当時出された退去命令書が大事に保管されています（25頁）。当時、自宅では一度も見たことがありませんでしたが、父はどこかに大事に取っておいていたようです。

中村屋のアトリエにかくまわれている間に、父は日本語をマスターしました。これも遺品の中に残っているのですが、父は小学校の国語の教科書に赤のペンで書き込みをしながら、必死で日本語を覚えたようです。私の物心がついたころには、父はまったく不自由することなく日本語を話していました。そのため、父との会話はすべて日本語でした。誰かと電話で英語やベンガル語を話しているのを聞いたことはありますが、父と日本語以外で会話をしたことは、生涯、一度もありませんでした。

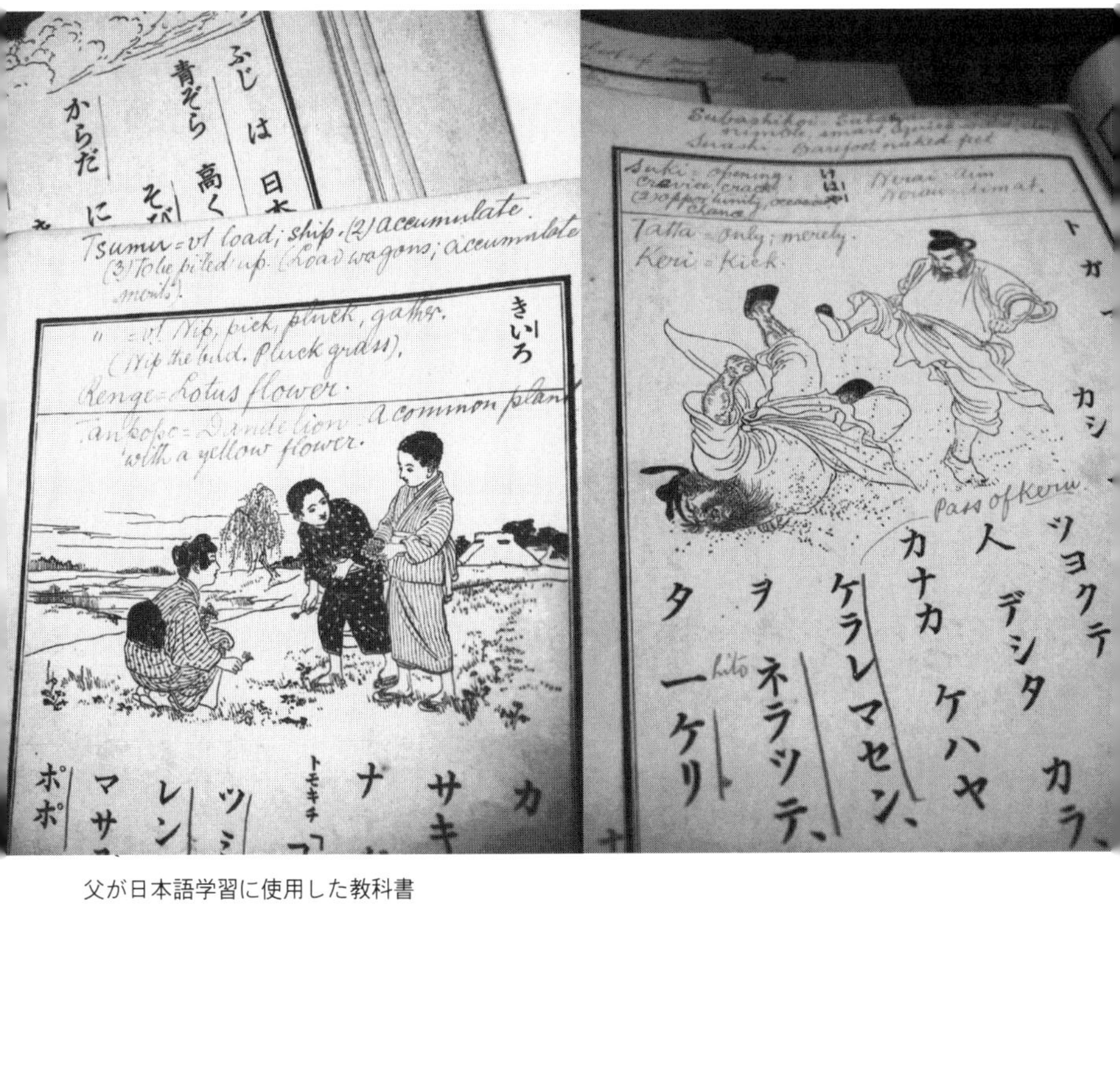

父が日本語学習に使用した教科書

両親の結婚

父は翌年の一九一六年春に中村屋を出ますが、その後もイギリス大使館が雇った探偵が、執拗に父の行方を追い続けていました。そのため、父はひとつの家に安住することができず、約五年もの間、関東地方各地を点々とする地下生活を余儀なくされました。住まいを移した回数は、合計で一七回にも及んだそうです。その間、黒龍会の葛生能久さんが、父の面倒を見続けてくださいました。

中村屋との連絡は、祖父母（相馬愛蔵・黒光）の長女、俊子が務めていました。地下生活が二年ほどたったころ、頭山先生が二人を結婚させてはどうかと祖父母に相談しました。男の一人住まいは何かと目立つため、妻がいたほうが気づかれにくいということが結婚をすすめた理由だったようです。

頭山先生の提案を受けて、祖母は随分と悩んだそうです。結局、最後には母（俊子）に対して「お前の気持ちしだいだから」と言って下駄を預けました。母は考えた末、結婚を承知し、一九一八年七月九日、頭山先生の自宅でひっそりと式をあげました。

母はいやいやながら父と結婚したのではないと思います。父の人間的ないいところがわかって、結婚したのでしょう。泣く泣く嫁いだという感じではなかったようです。

しかし、今振り返ってみても、祖母は普通の人ではないと思います。信念が相当強い人でした。その強さは、並大抵のものではありませんでした。そのため、苦労させられることもありました。戸惑うこともしょっちゅうでした。しかし、その強さが父を救ったのだと思うと、感慨深いものがあります。

兄と私の誕生

結婚から二年たった一九二〇年八月一三日。

兄が誕生しました。

兄の名前は、楠正成の「正」と豊臣秀吉の「秀」をとって「正秀」となりました。

このときは、探偵の追尾は弱まったものの、まだ両親共に地下生活中で、谷中清水町の日当たりのよくない家で出産したそうです。

私は、その二年後の一九二二年一二月二四日に生まれました。

私が生まれた頃にはもう地下生活からは抜け出し、新宿中村屋に程近い新宿三丁目に居を構えていました。今、ちょうど伊勢丹の駐車場があるあたりです。

ここに昔は中村屋の工場と寄宿舎がありました。中村屋の敷地から移築された洋館でした。私は、そこで生まれました。

兄は朴訥とした性格でした。それに対して、私は闊達な子どもだったものですから、祖母は兄と私を対照的な性格だと見ていたようです。祖母がのちに書いた文章を見ていると、「兄はあっちこっち引っ越している時に生まれたからおとなしい。私の場合は新宿にきて大部屋になってから生まれたので快活だ」と言っています。

とにかく、兄は地下生活の大変な生活環境で生まれ、私は、そのような生活から解放されたあとに生まれました。

私の名前は「哲子」ですが、戸籍上の正式な名前は「哲」の一文字です。

この名前は、実は相馬家と父をつなぐ重要な意味があります。

祖母・黒光は父が中村屋に逃げ込んできたとき、ちょうど女の子を出産したばかりでした。しかし、父を匿う過程で緊張状態が続き、母乳が出なくなってしまったのです。そして、その子は不幸にも命を落としてしまいました。父が中村屋に匿われて二週間後のことだったそうです。

この時、亡くなった子の名前が「哲子」でした。

私は、その子の生まれ変わりということで、「哲」という名前をいただきました。同じ「哲子」ですと、さすがに縁起が悪いと思ったようで、「哲」の一文字だけをいただきましたが、通称は「哲子」になりました。

そもそも、祖母がなぜ自分の子に「哲」と付けたかというと、当時、祖母がロシア文学に凝っていたために、何か関連した名前を付けたいということで、哲学の「哲」をとったというのです。ですから、私が子どもの頃、祖母は私を「ソフィア」とか「ソーニチカ」と呼んだりしました。「フィロソフィア」＝「哲学」のつもりなのでしょう。祖母は、何かにのめりこむと、それを全力で追い求めるような人でした。

さて、父は私が生まれてから半年ほどして、日本に帰化しました。

このとき、父が相馬家に入るのではなく、新たにボース家を立ち上げて、母と兄、私を新家の籍に入れることになりました。その際、犬養毅さんから「防須」という字をいただきました。以降、私は結婚するまで「防須哲」という名前で生きてきました。

帰化のとき、父は届けの書類をフランス大使館に出しています。父の実家があるチャンダンナガルがフランス領だったため、そのような提出先になったようです。この書面には、頭山先生、葛生さん、相馬愛蔵が名前を連ねていました。

自宅の縁側で

原宿・穏田《おんでん》

一九二三年九月一日。

私がまだ一歳にもならない頃、関東大震災が起こりました。

このとき、一家四人で相馬家のある麹町平河町まで避難しました。父は私を抱え、まだ三歳の兄の手を引き、病気がちの母を連れて何とか難から逃れることができたそうです。

この震災の後、父は原宿の穏田に土地を購入し、家を建てました。

ここが、父の生涯の住処となりました。

前頁の写真は一九二四年か一九二五年ごろに穏田の家で撮った写真です。前列にいるのが兄と私で、奥に父が写っています。あとは親類の子と近所の子です。父はこのような感じで、にこやかに子どもたちを見守っているのが常でした。私と兄にとっては、優しい父でした。

家は西洋館のようなモダンなつくりでした。家の外側は木でペンキが塗ってありました。中は畳敷きの部屋とリノリウムの書斎がありました。そとはレンガの塀で、のちに「穏田名物の赤レンガ」と呼ばれるようになりました。塀の上には鉄格子が張り巡らされていて、そこには小さいバラがからまされていました。

次の写真は、一九二四年六月にタゴールさんが来日したときの写真です。父に抱かれているのが一歳半の私で、その横が母です。この頃は、母もまだ外に出て人と会うだけの元気があったのですが、この後、しばらくしてから床に伏す日々が続くようになりました。祖母は、日の当たらない所での地下生活によって体を悪くしたのだと言っていましたが、本当の原因はよくわかりません。け

タゴールと

れど、母の衰弱があまりにもひどくなったために、私と兄は程なく麹町平河町の祖父母の家に預けられました。

それからは、母の見舞いに穏田へ行くことが習慣となりました。

一度、穏田の家で、病床の母親に怒られたことがあります。祖母が天丼を食べているのを見て、私は自分も食べられると思い喜んでいたら、「あなたはお腹をこわしているから」といわれておかゆを与えられ、怒ってひっくり返ったそうです。そのとき、病床の母親は私を厳しく叱ったらしいのですが、私はまったく覚えていません。なにしろ、まだ二歳になるかならないかのことですから、そのあたりの記憶はほとんどないのです。

母の死

病床にあった母は、一九二五年三月四日、穏田の自宅で息を引き取りました。享年二八歳でした。

そのとき、私は二歳二ヶ月でした。兄は五歳近くになっていたので、少しは母のことを覚えていたと思うのですが、私はまったく記憶にありません。

父の遺品の中には、母の葬儀の案内状が大切に残されています（44頁）。

この葬儀のときも、私はわがままを言って祖父母を困らせたそうです。母親が亡くなったということすらも、わからなかったのでしょう。

ある程度大きくなってからも、母については、父にも祖父母にも聞くことはありませんでした。やはり、自分が母のことを聞くと、みんなが悲しむと思って、聞いては悪いような気がしていました。

ただ、私が何かまずいことをしでかして祖父母に怒られるときには、母を引き合いに出されることがありました。夏の暑い日、私がスカートを捲り上げて膝を出していると、祖父にピシャっと叩かれ、「お前のお母さんは、夏でもきちっと帯をしめていたんだ」と怒られました。

母の命日には、毎年お墓参りをし、祖父母の家で法事をしていました。そのときには父が穏田の家から位牌を持ってきて、増上寺の大島先生に来ていただいてお経を上げていただきました。

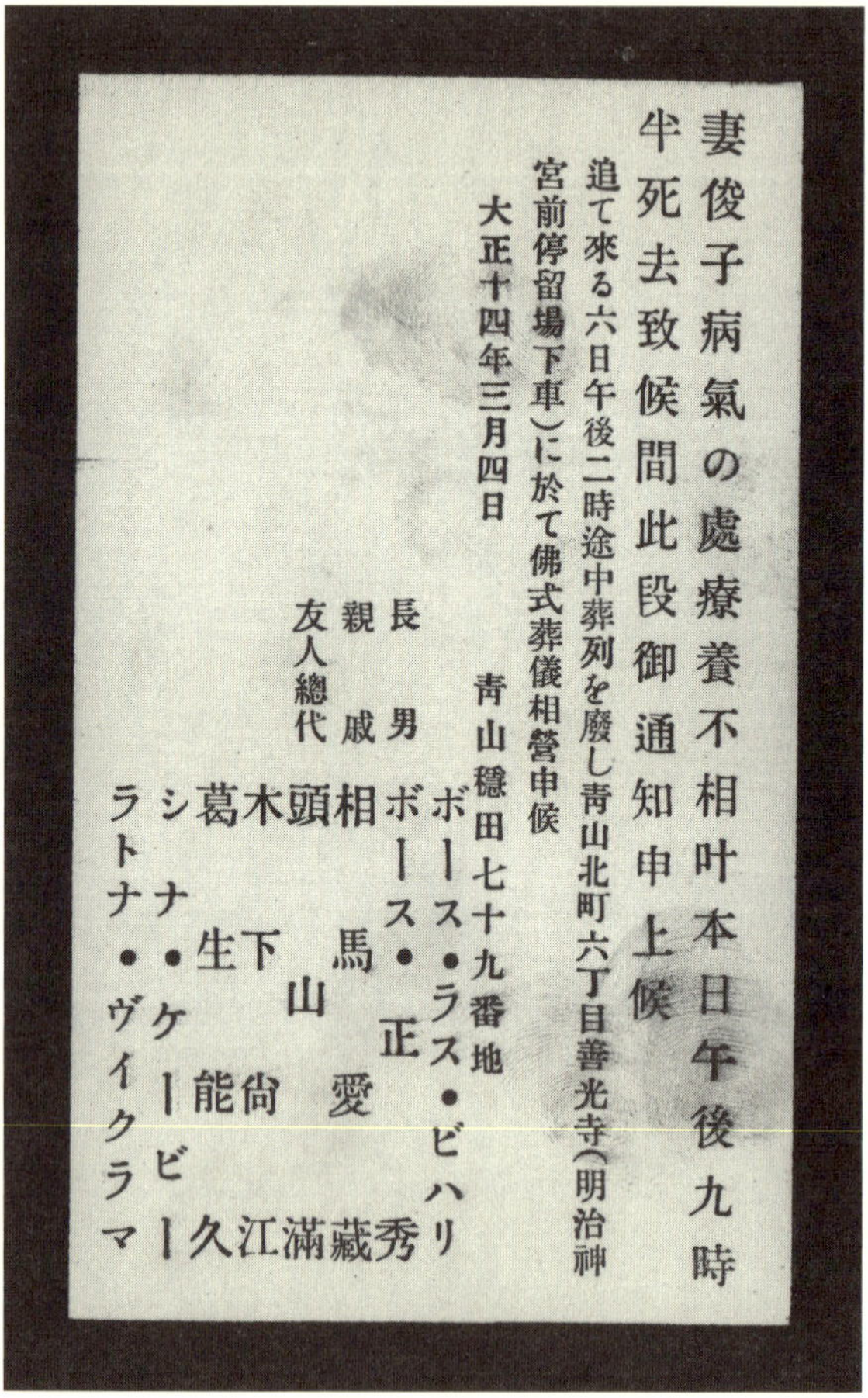

妻俊子病氣の處療養不相叶本日午後九時
半死去致候間此段御通知申上候
追て來る六日午後二時途中葬列を廢し青山北町六丁目善光寺（明治神
宮前停留場下車）に於て佛式葬儀相營申候
大正十四年三月四日
青山穏田七十九番地
ボース・ラス・ビハリ
長男 ボース・正秀
親戚 相馬愛藏
頭山滿
木下尚江
葛生能久
友人總代 シナ・ケービー
ラトナ・ヴィクラマ

母の死亡通知

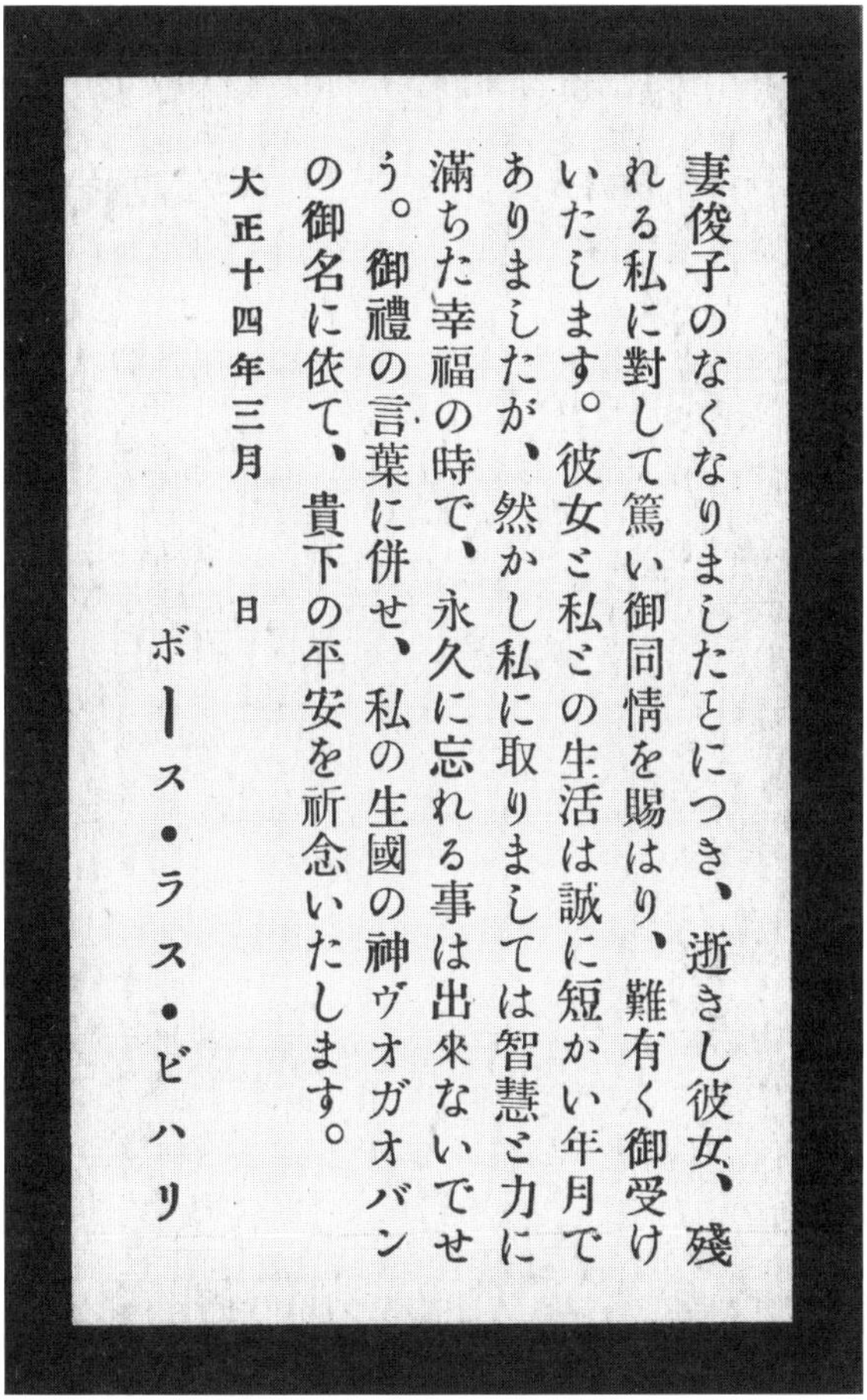

妻俊子のなくなりましたヿにつき、逝きし彼女、殘れる私に對して篤い御同情を賜はり、難有く御受けいたします。彼女と私との生活は誠に短かい年月でありましたが、然かし私に取りましては智慧と力に滿ちた幸福の時で、永久に忘れる事は出來ないでせう。御禮の言葉に併せ、私の生國の神ヴオガオバンの御名に依て、貴下の平安を祈念いたします。

大正十四年三月　日

ボース・ラス・ビハリ

葬儀の礼状

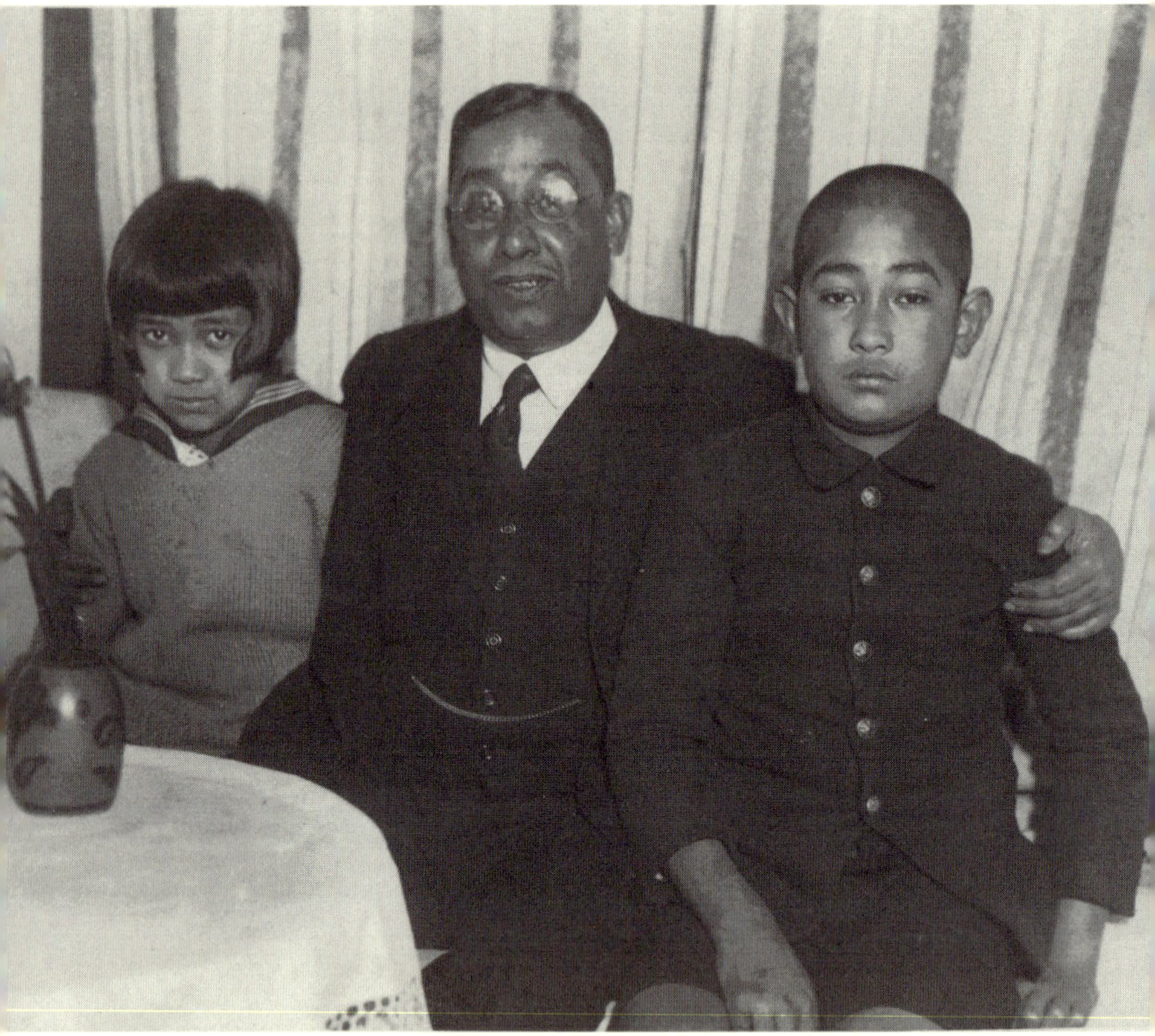

私、父、兄

週末のマッシュポテト

母の死後、兄と私は全面的に麹町平河町の祖父母の家に預けられることになりました。穏田に住む父のもとには毎週土曜日に帰り、一泊して日曜日の朝に祖父母の家に戻るという習慣になりました。

毎週、穏田に帰る日が楽しみで仕方がありませんでした。やはり、父のもとに帰ると気持ちが落ち着き、リラックスすることができました。

父は忙しい人でしたが、必ず土曜日は、会合や講演などの仕事をすべて断って、待っていてくれました。そして、私の好きなマッシュポテトやゆで卵・から揚げ入りのカリーをご馳走してくれ、家族団らんの食卓を楽しみました。

食事は父が直接作るのではなく、女中さんが作ってくれていました。父は豆のカリーしか食べなかったのですが、私たちが食べたいものを女中さんに作るよう頼んでくれました。

相馬の祖父母の家では、自分のわがままは一切通りませんでした。女中さんが何人もおり、その女中さんは料理の先生を付けられて習っていました。食事にはいつもお客さんがおりましたし、叔母なんかもいる大所帯でした。ですから、「あれを食べたい、これを食べたい」などとわがままを言うことは、まったく許されませんでした。

一方、父の家に行くとマッシュポテトが出る。食べたいものを作ってもらえる。とてもうれしかったことをはっきりと覚えています。

今でもマッシュポテトは大の好物です。

食卓を囲んでの父の話は、とにかく面白くて、毎回毎回、その話を聞くのが楽しみで仕方がありませんでした。麹町の家では、祖父母がいましたが、二人とも忙しいのであまり向き合って話をすることがありませんでした。けれども、土曜日に穏田の家に行くと、父が待っていてくれて、食事をしながらいろいろな話をすることができました。そういうときに、爆弾が爆発して怪我をしたところを見せてくれたりもしました。兄は日本の政治や経済に興味がありますから、いろいろと父に聞いておりました。父はそれに応えて、丁寧に解説してくれました。

一度、兵児帯を兄と私のどちらが渡すのかで喧嘩したことがありました。そのとき兄がぱっと手を離して、私がガラスにぶつかって少し切ってしまったのですが、父は兄を怒るのではなく、「あぶない、あぶない」といって笑っていました。本当におおらかで優しい父でした。

父は、毎朝、仏壇に向かってヒンドゥー教のお祈りをしていました。仏壇には母の位牌と共に、自分の父親の写真が飾ってありました。お墓参りにも一緒に行きましたが、私たちにヒンドゥー教のお経を強制することはありませんでした。

当時、父の秘書を渡辺倭文栄さんという方が務めていました。父は日本語を話すのは達者でしたが、漢字交じりの文章を書くことはできませんでした。そのため、日本語で出す手紙は、父が口述し、渡辺さんが代筆していました。論文や本も同様に、父が口述し渡辺さんが文章にまとめるという方法で書いていたようです。

年とともに父は多忙を極めるようになり、土曜日の団欒の最中にも、渡辺さんが急な手紙や書類を持ってきて、話が中断することが多くなりました。その頃から、父と政治的な話をするのが難しくなってきました。渡辺さんも、「お父さんを困らせるような話はやめてください」と仰るので、私も兄もそのような話題は避けるようになりました。

父の政治的発言や思想的なことは、もっぱら父の著書を読んで知りました。父は一九三一年に『印度頓知百譚』という本を出していますが、このようなインドのお話も本を読んではじめて知りました。

日常の会話は、ほとんどが一般的な父と子のものでした。父は、できる限り普通の親子でありたいと願っていたのだと思います。

日中戦争以降は、父もいろいろと大変だったと思います。心労も重なっていたことでしょう。しかし、私たち子どもには、そのような苦悩する姿はほとんど見せませんでした。

第二章

父、そして祖母

〝ペンスル〟

私が小学校に入った頃は、父はもう知られていました。もちろん、中村屋は有名ですし、祖母や祖父のこともみんな知っていました。

しかし、友人にからかわれたり、いじめられたりしたことは一切ありませんでした。普通、外国人と日本人の子だと「あいのこ、あいのこ」と言ってからかわれることが多かったそうですが、私に関してはまったくそのようなことはありませんでした。

ただ、女学校時代、英語の授業のときに頭に来ることがありました。英作文の宿題が出たりすると、先生が「おたくはいいですよね、英語を教えてくれる人がそばにいるから」って言うのです。父とは一緒に暮らしていないから、教えてもらうことなんてできない。穏田に遊びに行ったときも、父とは勉強の話など、まったくしません。自分で苦労して書いていった英作文を「おたくはいいですよね」なんて言われて、とても悔しい思いをしました。

しかし、女子学院でよかったのは、外国人の先生が一年生のときから英語を教えてくれることでした。とにかく熱心で、こちらがわからなくてもひたすら教えてくれる。ネイティブの発音で。

ある時、家に帰って、祖母と叔母に「鉛筆のこと、ペンシルって言わないの、ペンスルって言うの」と言うと、みんなに大笑いされました。その当時は、外国人の先生の発音を一生懸命、真似していました。

祖母は、お客さんが来ると、決まって「これがボースの娘です」と言って私に挨拶をさせました。まるで人寄せパンダのように。

私はそれがいやでいやで仕方がありませんでした。しかし、祖母は毎回、お客さんに挨拶させるのです。そんなお客さんの中に、タゴールさんもいたようです。写真が残っていますが、私はそのときのことを特別に記憶していません。「いろいろとお越しになったお客さんのお一人」という覚えしかないのです。

Bt. Forward
Denky
aikoku
shuku
Childr
Naka
Present
mr.
" Iw
Kasa,
Tetsu's
Okuwa
Koden (M
Sakan
Tetsu
Tofu
Bal. of
Kasa
Densha
Hakaru
Coffee etc
Kitte etc

納期 6 月 17 日

通信事務(電話料金納入告知書)

404 澁谷區穏田三ノ七九
ボースラスビハリ 殿

納期日 青い紙(市外通話料) 十七日(御使用の翌月)
赤い紙(基本料と度數料) 廿七日(毎年一、四、七、十の各月)

電話料金納入成績の向上に關しましては、當局と致しまして
「納期内完納」を目標として努力して居りますが、これはどう致し
ましても皆様の御協力に俟つ外は無いのであります。
就きましては皆様に於かれましても、右趣旨をお酌取下さいまして、
納期日迄にお忘れなくお納め下さる様御願申上ます。

東京中央電話局
金課 5020—5024 7060—7064 7065—7069

41

Bt. Forward	13 99/"	258.41
Dento	"	7.23
"		1.02
Gingerale, paper, car + Kingyo		0.58
14-6-39		
Car from Hibiya		1.00
15-6-39		
Japan Advertiser for 1 year from 25th June = ¥44.00 by Cheque		
Uekiya oyatsu		0.30
Kitte		3.00
		271.54
Tram fare on 14th		0.10
Bal: 0 76/"		
		271.64
Taisho Kaijō Kasai Hoken Sendagaya House for ¥3,000 @ 4 50/" = 13.50 − dis 2.70 = 10.80 paid to Nakanishi.		(10.80)
Kakumeiso enjo 4 74/" + 16 00/"		1.02
		272.66
Nakamuraya		4.03
Megane 1.20 + 1.50 + Officer		2.80
Car		2.00
Hope tobacco		4.40
Sakana		1.00
		286.89

「君、席を譲りなさい」

父は、とてもきっちりとした性格の人でした。

いつも外から帰ってくると、ポケットから小銭を出して、全部計算していました。そして、それを家計簿に付けるのです。その家計簿は、今でも遺品の中に残っています。几帳面な字で、毎日の収支がびっしりと書き込まれています。日本語を勉強していたときの国語の教科書も、丁寧に赤線が引かれ、きっちりした字でメモが書かれています。ローマ字で書いた手紙も、読みやすく丁寧な字でした。

あと、時間にも厳しい人でした。

とにかく、すべて五分前に行動し、時間には遅れない。ハイヤーなどは、遅

同志たちと

れるのはもっての外、早く来すぎても怒っていました。とにかく五分前でなければいけない。

本人は、靴を履いて玄関で待っているんです。ハイヤーは角のところで待っていて、五分前になるとやって来る。

他にも、人一倍、正義感の強い一面がありました。自転車を真中に置いて知らん顔をしたりという人がいると、「君、この自転車こっちへどけなさい」と言うわけです。私は一緒に歩いていると恥ずかしくて仕方がありませんでした。

席を老人に譲らない若者がいると、「君、席を譲りなさい」と堂々と言い、体格がいいものですから、言われた人間は黙って従っていました。

インドの人たちの会合では、セイロンの人が仲間はずれにされることが多かった。けれど、父は分け隔てなく付き合い、決して差別をしませんでした。

そのため、同志からの信望は厚かったようです。

また、父は近所の人と会うと、必ず丁寧にお辞儀をしていました。みんなに礼儀正しくするものですから、みんなから好かれていました。亡くなったときも、近所の人は悲しがってくれて、物がないときなのにお寿司屋さんや酒屋さんやらが、いろいろと持ってきてくれました。

それから、父は話にユーモアがあるんです。日本語でしゃべっても、話を聞いているうちに、つい笑ってしまう。

銀座の久兵衛の主人が回想で書いていますが、お店で奥様が裾をからげて働いていると、父が「おいおい、そんなに操のカーテンを出しちゃいけないよ」と言ったそうです。父の言葉はいつも温かく、ユーモアがありました。

1930年代の父

同志たちと

いろいろな交流

私が女学校に入るまでぐらいは、インドの同志の人たちとの会合にも連れて行ってくれました。一九三五年ごろまでだと思います。

そこで、プラタープさんやサハーイさんなんかとも会ったりしました。

父が特に信頼していたインド人の同志は、デーシュ・パーンデーさんでした。この方は父よりもずいぶんと年少の方で、日本人の女性（賀永子さん）と結婚しました。賀永子さんは、私と年齢が近かったため、お目にかかってお話しする機会がよくありました。しかし、お気の毒なことに、デーシュ・パーンデーさんは戦中、シンガポールから日本へ戻る際の船（阿波丸）が爆撃にあい、お亡くなりになりました。

在日インド人の会合にて

一度は、皆さんと一緒に海水浴に行ったこともあります。しかし、政治的な話は聞きませんでしたし、聞いても小学生の私にはまったく理解できませんでした。

その頃には、父は新宿にアジア郷というインド人学生のための寄宿舎を運営していました。今の都庁の裏側のあたりです。

隣が叔父の家だったのですが、ほとんどの世話は中村屋に勤めていたご夫婦がやってくださっていました。そこで、父はインドの学生にインドのカリーを振舞っていたようです。

父は、毎朝、中村屋に通うことが日課でした。中村屋でインドカリーを商品化したのは、母が亡くなった後の一九二七年からです。父は中村屋に出勤し、カリーの味見をしたそうです。

あと、在日朝鮮人実業家の秦学文さんとは馬が合ったようで、よくお酒を一緒に飲んでいたようです。飲むと「シンちゃん、シンちゃん」と呼んでいました。父は、家ではまったくお酒を飲みませんでした。祖父母は、昔、信州で禁酒運動に参加したような人たちですから、飲んで相馬の家に行くようなことは決してありませんでした。

父はお酒を飲むと陽気になって、機嫌がよくなるようでした。気持ちよくなって穏田の家に帰ってきて、そのまま寝てしまっていたようです。

穏田の家には、政権が変わるごとに特高の人が尋ねてきました。「ご意見を拝聴したい」と言って、父から話を聞いていたようです。かつては特高に尾行されたりしていたわけですから、皮肉なものです。

父は、よく信州の安曇野の実家に行きました。母は、祖父母が安曇野にいたときにできた子で、幼少期をそこですごしました。そのため、父にとっては母の思い出が詰まった安曇野の地は、心が休まる場所だったのでしょう。やはり、母を思い出したのだと思います。
毎年夏には、兄や私もいっしょに連れて行ってもらいました。

浴衣姿の父

自宅にて

お父さんなら…　来てくれる

父は芝居を見るのが好きで、特に新派の花柳章太郎を贔屓にしていました。「きれいだ、きれいだ」と、よく言っておりました。

あと、曾我廼家喜劇にも、中村屋の従業員と共に連れて行ってくれました。年に二度ほどだったと思います。

祖父母に宝塚歌劇団を見に連れて行ってもらったことがあるのですが、私はすっかり魅了されてしまって、毎月のように見に行きたいという思いを募らせていました。

しかし、祖母は「駄目」の一言。

絶対に許してくれませんでした。

その話を父にすると、こっそり前売りのチケットを買っておいてくれて、日曜日の朝に連れて行ってくれました。とにかく、土曜日から日曜日の朝までの穏田でのことを祖母は一切干渉しませんでしたから、その間に父がこっそりと私を連れて行ってくれるのです。

同じ要領で、父は映画にも連れて行ってくれました。

私が「フランス映画やドイツ映画を見たい」と言うと、今の帝劇のチケットを取ってくれるのです。

見に行くのは、決まって日曜日の朝。

当時、二階が指定席で、一階が普通の席でした。

父は指定席の真ん中を取ってくれるのですが、日曜日の朝はガラガラ。一階の普通席も、人はまばらです。そんな中、父と二人、指定席の真ん中にちょこんと座り、映画を見るのです。

お小遣いは相馬の家でもらっていましたが、父もくれるので、案外、潤沢でした。

父は、小学校の卒業式に来てくれました。しかも来賓で。

私は、父が来てくれるなんて知らなかったので、とても驚きました。とにかく、壇上を見ると、父が菊の造花を付けて座っている。校長先生に「来賓の方にお言葉を賜りたい」なんて言われている。

私は、「どうしよう、どうしよう」と思っているばかりで、しっかりと話を聞くことができませんでした。ですから、そのとき、父が何を話したのか、まったく覚えていません。その後は、謝恩会も出席せず、父と一緒に帰ってきました。

兄のこと

女子学院の卒業のときは、祖父が来てくれました。そのときは、ちゃんと謝恩会にも出席することができました。

女子学院卒業後、私は東女を受験しようと思っていたのですが、これもまた祖母に大反対されて、希望がかなうことはありませんでした。

祖母は当時の総長のことが好きではなかったようで、「あの人が総長の学校なんて、絶対に受けさせません」と言って聞く耳を持ちません。

これには、私は断固として反抗しました。「では、どこも受けません」と言って。

徹底抗戦です。

祖母は困ってしまったようで、「ＹＷＣＡの駿河台女学院英語高等科に行ってくれ」と言って、私を説得しました。私も折れて、ここに二年間通いました。

ＹＷＣＡの卒業式には、こっそりと兄が来てくれました。

しかし、何も声を掛けてくれたりしないのです。チャペルの階段ですれ違っても何も言わない。ただ、にやっと笑っているだけです。妹の卒業式ということで、気に掛けてくれていたのだと思いますが、そんなことは口に出して言わない。

そんな兄でした。

兄との関係は、子どものときから同じような感じでした。

幼稚園に行っても、私と兄は一緒になりませんでした。兄としては、とても照れくさかったのでしょう。

学校に通い始めてからも、通学のバスでたまたま顔を合わせたりしたのですが、兄はにやっと笑うだけで、あとは知らん顔でした。

家ではしょっちゅう、喧嘩をしました。うなぎを後で食べようと思って、とっておいたりすると、兄がぱっと横取りするんです。そのときなどは、くやしくてくやしくて、取っ組み合いの喧嘩をしました。

兄が大学を出て、軍隊に入ってからは、何度も面会に行ったりしました。和歌山で入隊しているときも、羊羹や届け物をもって足を運びました。そのときも、二人ではあまり話をしませんでした。

しかし、たった一人の血のつながった兄弟ですから、私にとっては大切な兄でした。

頭山満

頭山満先生のお宅には、子どもの頃、父に連れられて、何度かご訪問させていただいたことがありました。父は毎年、新年のご挨拶に伺っていたものですから、そのときなどに、兄と共に連れて行ってもらいました。私は何も話すとなどなく、お辞儀をして帰るだけでした。

ただ、子どもの頃に不思議だったのは、皆が「頭山先生、頭山先生」と呼ぶことでした。なぜ学校の先生でもなく、お医者さんでもないのに、みんな「先生」と言うのか不思議で、学校の先生に聞いたことがありました。

頭山先生は、とても穏やかな方という印象があります。威圧的な感じは全くなく、しかし一方で、とても威厳のある方でした。

父は、頭山先生を心から尊敬しておりました。先生を、独立したインドにお連れしたいという思いを強くもっていたようです。私も祖母などから、頭山先生が父の命の恩人であることはよく聞かされていましたので、子どもながら尊敬の念を抱いていました。

頭山先生

父に怒られたこと

父に怒られることはめったにありませんでしたが、大東亜戦争が始まる一年ほど前に、一度、厳しく叱られたことがありました。

その当時、祖母が重い病気にかかり、仮死状態になってしまいました。皆、祖母の具合を心配して、いろいろと気を使っていたのですが、ちょうどそんな時に、私がしょう紅熱にかかってしまい、寝込んでしまいました。

しょう紅熱は伝染病ですから、私は自分の部屋にこもりっきりで、そこからほとんど出ることはできないわけです。すると叔母が「病気が家の人にうつると困る」というので、私を病院に入院させることにしました。

しかし、ちょうど病院に移る頃には、私の体調はすっかり良くなってしまっているのです。しかし、伝染病ですから、病院に入ると四〇日間は隔離されて、外に出ることができない。

病室で退屈に過ごしていると、中村屋の従業員の方が来てくださり、気を遣って「何か御用はありませんか?」とたずねてくださるのです。私が、ふと「アイスクリームが食べたい」と言うと、その方が早速、買ってきてくださいました。

それを喜んでいると、父から厳しく叱責されました。

「なぜ、中村屋の人を使ったのか」と。

公私混同するな、ということなのでしょう。

このような面に関して、父は非常に厳格な人でした。

自宅にて

教育方針をめぐって

ところで、そんな父と祖母は固い信頼関係で結ばれておりました。父は祖母を敬愛し、祖母は父を尊敬する。そんな関係が続いていたのです。

ただ、一度だけ、祖母が父に対して厳しく迫ったことがありました。

母が亡くなって、兄と私が相馬の家に預けられたすぐ後のことだと思います。ちょうど兄が小学校に入学する時期でした。父が穏田の家の二階を青山学院の先生に貸しており、その人と兄の教育についていろいろと話をする機会があったようです。

兄は当時、勉強が嫌いで、なかなか机に向かおうとしませんでした。その様子を気に掛けた青山学院の先生が、兄を私立の学校に入れたほうがいいと助言したそうです。父はすっかりその気になり、兄を私立の学校に入れることを祖母に相談しに行きました。

そのとき、祖母は父に「私に全面的にやらしてくれないんだったら子どもを連れて帰れ」と怒ったそうです。祖母としては「自分の信念で子どもを育てている」という自負心がありますから、「それに対して気に入らないことがあるのだったら、子どもをすぐにでも引き取ってくれ」と迫ったのです。

父はその場で「すべてお願いいたします」と言って、詫びました。

無条件降伏です。

それ以降、教育や育て方などについては、一切、祖母に口を挟まないようになりました。私や兄にも「相馬の家ではどうだ」というようなことは一切聞きませんでした。相馬の家でも「穏田の家ではどうだ」なんてことは一切聞かれませんでした。

会合の様子

祖父母

祖母・相馬黒光

祖母のことについても、いろいろとお話ししましょう。いいのか悪いのかよくわかりませんが、祖母は徹底した信念の人でした。特に兄と私の進学の問題に関しては、徹底して自分の方針を曲げない人でした。私たちの希望など、二の次。とにかく、自分の信頼する先生のいるところに、私たちを入学させることを第一に考えていました。

私は小学校のときからバスケットボールの選手をしていました。当時は東京府立高等女学校というのがありまして、そこの第六高女が運動の盛んな学校だったのです。

私はバスケットボールを続けたかったものですから、第六高女に行く気になっていました。また、祖母の代わりに父母面談に来てくれた叔母（相馬家の長男・安雄の妻）が府立第三高女出身だったものですから、担任の先生と意気投合してしまい、「第六高女に進学させるのがいいですね」ということになって家に帰ってきたのです。

その話を祖母にすると、もうカンカンです。

祖母は勝手に、母が出た女子学院に私を入れると決めているのです。女子学院は麹町のキリスト教学校です。祖母は当時の校長の三谷民子先生を人格者と尊敬していましたので、その人が校長を務める女子学院に絶対に私を入学させると決めてしまっているのです。

私は私立に行くなら、友達が行く東洋英和に行きたかったのです。しかし、そんな希望など一切聞いてはくれません。もちろん父も、祖母の決定に一切口出ししません。「すべてお任せしました」という態度です。

仕方がないので、叔母に連れられて女子学院を受験しに行きました。

結果的には女子学院に合格し、すばらしい学校生活を送ることができたので、今では感謝しているほどです。校則も厳しくなく、個性を伸ばすような教育方針でしたから、私には合っていたのだと思います。しかし、頭ごなしに「ここに行きなさい」と命令されるので反抗してみたい気分にもなりました。祖母は一事が万事、このような感じですから、時に閉口することがありました。

一方、兄は早稲田中学に行きたいという希望を持っていました。そこからそのまま早稲田大学に進学したいという思いを強くもっていたようです。これは叔父（相馬家の長男・安雄）の影響だったと思います。叔父が早稲田出身だから、自分も早稲田に行きたい。

しかし、祖母は本人の希望など無視して「芝中学を受けなさい」と言うのです。これもまた、芝中学の当時の校長の渡辺海旭先生を祖母が尊敬しているからで、一度言い出したら、まったく他の意見を聞こうとしませんでした。渡辺先生は増上寺の執事長をなされていて、祖母は毎週、先生の講演会を聞きに行っていました。もう、先生に夢中になってしまっているのです。だから、兄は「渡辺先生の芝中学に行きなさい」ということになるのです。

しかし、渡辺先生は、兄が受験する少し前に、病気でお亡くなりになりました。

すると、祖母は一転して、「芝中学に行く必要はない、行きたいところにいけばいい」と言い出しました。そんなわけで、兄は希望通り、早稲田に入ることができました。それを喜んでいると、祖母に叱られていました。

祖母はとにかく、自分の敷いたレールに子どもたちを乗せたいという気持ちの強い人でした。そのため、子どもたちの中からは反発する者も出てきました。相馬家の末息子の虎雄叔父は、共産党に投じ、拘置所に入れられました。

やはり、祖母の強烈な個性に反抗したかったのだと思います。

相馬家の暮らし

相馬家での暮らしは、かなり他所の家とは異なるものでした。とにかく、来客が多く、まったく知らない人が泊まっていることが日常でした。ある日には、突然、ハンガリー帰りの人がいたり、祖父の実家の信州の人がいたり、祖母の実家の仙台の人がいたり。祖父母も中村屋の仕事などで忙しくしておりましたので、落ち着いた感じはほとんどありませんでした。学校から帰ってきたら親に話をするとか、おやつをもらうとか、一切そういうことはありませんでした。

そのため、「うち」という観念が、私の中にはありませんでした。若い従兄弟が結婚するときに「相馬のうちはハウスがあってもホームがない」と言ったのですが、云い得て妙だと思いました。

遠足のときなど、お弁当が必要なのですが、いちいち祖母を通して女中さんに言ってもらわなければ作ってもらえませんでした。

「女中さんは忙しいから来てもらっているんだから、お前たちのために来てもらっているんじゃない！　用事があったら自分を通しなさい」と祖母には叱られました。

祖母は、体は弱いのですが、とても激しい感情の持ち主でした。祖父などは、思いつきでお店に貼紙を出したりするものですから、祖母に後でこっぴどくやられていました。

祖母はロシアに凝っていたので、日曜日の朝食はロシア式でした。机の上にロシアの湯沸かし器・サモワールを置いて、パンとジャムとバターです。普段は、家族が全員そろって食事をすることはありませんでした。平日の朝などは、祖父母と顔を合わせることすらありませんでした。しかし、日曜日の朝食は全員集合です。みんなそろって、ロシア式の朝食。

不思議な暮らしでした。

「うちはうちのやり方で」

祖母の意向で、兄と私は子どもの頃から習い事をさせられました。

あるとき、祖母は奈良ホテルでバイオリンを聴き、えらく感動したそうです。その演奏家は白系ロシア人の亡命者だったのですが、祖母は「あまりにすばらしいから」とその人を連れて帰ってきて、近所に住まわせました。家も買って与え、コロンビアレコードに紹介もしたようです。

さて、その犠牲になったのが兄です。

祖母は、とにかく孫にバイオリンを習わせたかったらしく、嫌がる兄を無理やり引っ張って行き、そのロシア人に習わせました。

バイオリニストの弟はピアニストで、伴奏をしつつ、いっしょに生活していました。私は女の子だから、「この弟にピアノを習え」と祖母は言うわけです。結局、兄はバイオリン、私はピアノを習わされました。

また、私は踊りも習わされました。

関東大震災のとき、麹町平河町の相馬の家は無事だったため、下町の焼け出された人を助けようということになり、ある人の面倒をみることになりました。その人がたまたま踊りの先生で、しばらくの間、敷地内の土蔵の部屋に居候していました。

時が経って、その先生がもともと家があった場所に帰っていくことになったのですが、祖母はその人を応援し続けたいと思ったらしく、私を六歳の六月六日に踊りを習いに行かせました。

ピアノと踊り。

週に三回も、習い事がありました。

子どもながら、かなり忙しい日々でした。

ある時、踊りの舞台に出ることになり、その支度をすることになったのですが、祖母が「うちはうちのやり方でいたします」と言って、お化粧や着物の着付けなど勝手にやってしまったのです。「お着物はみんなおそろいにしましょう」と言われても、「うちはうちでやります」の一点張り。そのくせ、自分は舞台を見に来たりしません。

とても心細い気持ちで、若い女中さんと二人、楽屋に行きました。すると、周りのみんなは、家の人が一緒に楽屋に来ているわけです。私たちは女中さんと二人っきり。しかも、みんなと違う化粧と衣装。

ぽつんと座っていると、どこかのおばあさんがやってきて「そんな帯の締め方では……」と文句を言い始めるのです。すると、一緒に来ていた女中さんがわっと泣いてしまって、私も緊張の糸が切れて、楽屋中に響き渡る声で泣いてしまいました。

するとと、先生がとんできて、きれいにお化粧直しをしてくれ、帯も結びなおしてくれました。子どもですから、それですっかり機嫌が直って、舞台に出ました。しかし、この一件はこたえました。

新宿中村屋の自動車

自転車と修学旅行

他にも、祖母のことで思い出すことはたくさんあります。

兄が小学校六年生のとき、修学旅行に行くことになったのですが、祖母が「みなと一緒はだめ」と言うのです。そこで、祖父が一緒についていくことになり、昼間は友達と一緒で、夜は祖父と兄がホテルに泊まった。

それを聞いて、「かわいそうだな」と思ったのですが、自分が修学旅行に行く番になったとき、また祖母が同じように「皆と一緒に行っちゃ、だめ」と言い始めたわけです。

私は大声で泣いて抵抗しました。

あまりに泣くものですから、祖母も根負けして「じゃあ、行ってきなさい」

ということになったのです。女学校に行ってからも、また同じことがあり、そのときも徹底抗戦して、友達と一緒に行くことができました。

とにかく、兄は気の毒でした。おそらく、せっかくの修学旅行も祖父が一緒だと楽しくなかったでしょう。けど、当時は誰も祖母には逆らうことができなかったのです。「そんなことをしちゃ、子どもさんがかわいそうですよ」と言ってくれる人がいなかった。

バスケットボールに関しても、祖母は時に無茶なことを言ったりしました。私がうっかり「今度、対抗戦をやるんだ」なんて言うと、祖母が「うちの子は弱いので、試合には出さないでください」と先生に手紙を書くのです。悲しいやらあきれるやらでした。

ただ、祖母は芸術には通じていましたので、海外から一流のアーティストが来ると、いい席を取ってくれて連れて行ってくれました。一方で、映画は駄目でした。「映画館には不良がいる」といって行かせてくれなかったのです。

自転車を買いたいといっても、駄目の一点張りでした。「自転車に乗ると、女の子は子どもができなくなる」と言って聞かないのです。

仕方がないから小遣いを貯めて買い、裏庭の物置にこっそりしまっていました。この自転車は、戦争中、とても役に立ちました。野菜などをどっさり買って、自転車で運んでくると、祖母も何も言いませんでした。

新宿中村屋・インドの間

パンとせんべい

あるとき、学校で急に授業が延長して、午前中で終わりの予定が、午後まで延びるということがありました。午前中で終わりの予定でしたから、当然、昼食の用意をしていません。そこで、学校の先生に五銭借りて、学校で売っているパンを買いました。

帰宅して、祖母に事情を説明し、先生からお金を借りたので五銭くれるよう頼むと、「なぜ、家に帰ってきて食べなかったんだ」と怒るんです。お金をくれない。

仕方がないので、何とか知恵を絞って、「鉛筆かノートを買うから一〇銭ください」と言って五銭を捻出しました。あの時は、さすがに情けなかったです。

あと、祖母は地元のお祭りが駄目でした。

お祭りでは、子どもが山車を引っ張ると、お菓子の入った袋がもらえたんです。中にはおせんべいが入っていたり、飴が入っていたり。

それがほしくてほしくて仕方がありませんでした。他の子がもっているのを見るとうらやましくて、うらやましくて。

あとどうしても、森永のキャラメルが食べたかったのですが、残念なことに、家に中村屋のものがたっぷりとあるんです。祖母に「ほしい」といっても、「家に中村屋のものがあるじゃないか」と言われておしまい。買ってもらえませんでした。

第三章

「平凡に暮らせよ」

大東亜戦争勃発のとき

大東亜戦争が始まった日は、ちょうどＹＷＣＡの期末試験の日でした。前の日、遅くまで勉強していたのですが、朝起きたら父から電話で「戦争に入った」と知らされました。すぐに祖父母に取り次いで、私は慌ただしく学校に出かけました。

学校に着くと、話題は戦争のことで持ちきりでした。

「わたし、絹の靴下なんかいらないわ」なんて言う子などもいたりして、みんな愛国少女でした。

おかげで、前日に勉強したことはすっかり忘れてしまい、試験どころではありませんでした。

父は、ようやくインド独立のチャンスが来たと、当初は喜んだようです。勃発の日も、インド人の同志たちと集まり、会合を開いていました（112頁）。その後も、いろいろと会合を重ね、日本にいるインド人の団結の強化を図っていました。

この頃、父は日本の軍事力を過信していました。連日、連戦連勝の快進撃が伝えられる中、父は日本軍に最後の期待をかけたようです。

やはり、父には五〇歳を越えたあたりから、あせりが見えました。戦争が始まったときには、父は五〇代半ばになっていましたので、「あと一〇年早ければ」という思いを強く持っていたようでした。

日本軍は一九四二年二月一五日にシンガポールを陥落させ、そこで集まったインド人兵を組織化することになりました。父はその組織の代表に就任することになり、連日、軍部との調整に追われていました。

三月に入ると、シンガポールやマレーシアのインド人兵士の代表者が東京に招致され、父やA・M・ナイルさんらを中心として在日インド人グループとの折衝が行われました。いわゆる「山王会議」です。

ここで、父がインド国民軍の総裁に就任することが了承され、六月にバンコクで大きな会議が行われることに決しました。

大東亜戦争開戦直後に
同志たちと

バンコクへの旅立ち

山王会議の後、バンコクへ行くことになった父は、各方面へのあいさつ回りなどで多忙を極めておりました。

ちょうどこのようなときに、父と兄、そして私の三人で撮ったのがこの写真です。新宿の写真館に行って撮ってもらいました。

この頃には、すでに少し痩せていたように見えますが、まだまだ体調はよく、生気がみなぎっていました。この写真が、三人で撮った最後のものです。左の写真は三月一五日に撮った写真です。この時、相馬家は千駄ヶ谷（現在の代々木二丁目）に引っ越しており、そこに皆が集まって撮ったものです。

五月一一日、父はバンコクへ向けて旅立ちました。

私と兄は、穏田の家の門で父を見送りました。兄がこの年の九月に入隊しますが、そのときも、この門のところで見送りました。

父は、バンコクへ行く直前に、祖父母に「どうしても」と頼んで、私を相馬家の養女にしました。

父は、戦争で死ぬことを覚悟していたのだと思います。いずれ兄も兵隊に行くことになるのはわかっていましたので、二人とも戦死した場合、私が一人、ボース家の人間として家に残されるわけです。

金剛經

父は、そのことを心配したのでしょう。不安が強かったのだろうと、今になって思います。そんな心配がなければ、私を養女に出したりしなかったことでしょう。また、帰ってくれば、元の生活をすればいい訳ですから。

父は決死の覚悟で旅立ったのだと思います。

東南アジアにて

バンコクからの手紙

バンコクに着いてからは、頻繁に手紙を書いて送ってくれました。ほとんどはタイプライターを使ってローマ字で書くのですが、長い手紙は直接、ペンで書いて送ってくれました。

例えば、バンコクに到着直後の一九四二年五月三一日には、こんな手紙を書いていています。

二九日の朝、飛行機に乗って、お昼ごろバンコクに着きました。とても暑いので閉口した。しかし、朝と晩は非常に涼しい。明け方に一枚のかけ布団もいるようになる。来て以来、毎日非常に忙しい。訪問客は非常に多い。しかし体は非常にいいです。お祖父《じい》様とお祖母《ばあ》様の体を気をつけてください。これから内地は入梅ですから、食べ物などを注意してください。

（中略）中村屋に変わったことはないか？　青山の家の方をよく見てちょうだい。時々、二人で泊まってちょうだい。お祖父《じい》様、お祖母《ばあ》様、安雄、四方、中村屋の皆様、ムツ叔母さんしいちゃんなどによろしく。頭山先生および葛生さんにもよろしく。お前たち体を気をつけてください。返事をローマ字で書いてちょうだい。お父さんの知っておるたくさんの日本人はここにおります。何も心配のことはない。

（中略）今日、日曜にもかかわらず、朝の九時から夕方七時までにいくつもの会議に出席して、話をしなければならない。ここにお前たちの知らないいろいろの木、植物、および果物があります。

お父さんより

また、同年一一月一四日には、シンガポールから次のような手紙を書いています。

お父さんは元気で働いているから、心配しないでください。ただ、年中暑くて、たまらない。お前は余ほど気をつけてくれ。お祖母《ばあ》さんとお祖父《じい》さんのお体を大切になさい。

（中略）大東亜の完全独立のために、暑さは何も影響しない。日本の皆様もここで一生懸命で働いておられます。内地においても皆様は十分に働いておられるだろう。英米を完全に粉砕しなければならない。何年かかっても、我々は両国の壊滅まで戦ってゆきます。

青山の家に変わったことはないか？　しずえさんとみわこさんによろしく。お祖父《じい》さんとお祖母《ばあ》さんによろしく。頭山先生と葛生さんによろしく。中村屋の皆さんによろしく。お前と正は体を大事にしなさい。

お父さんより

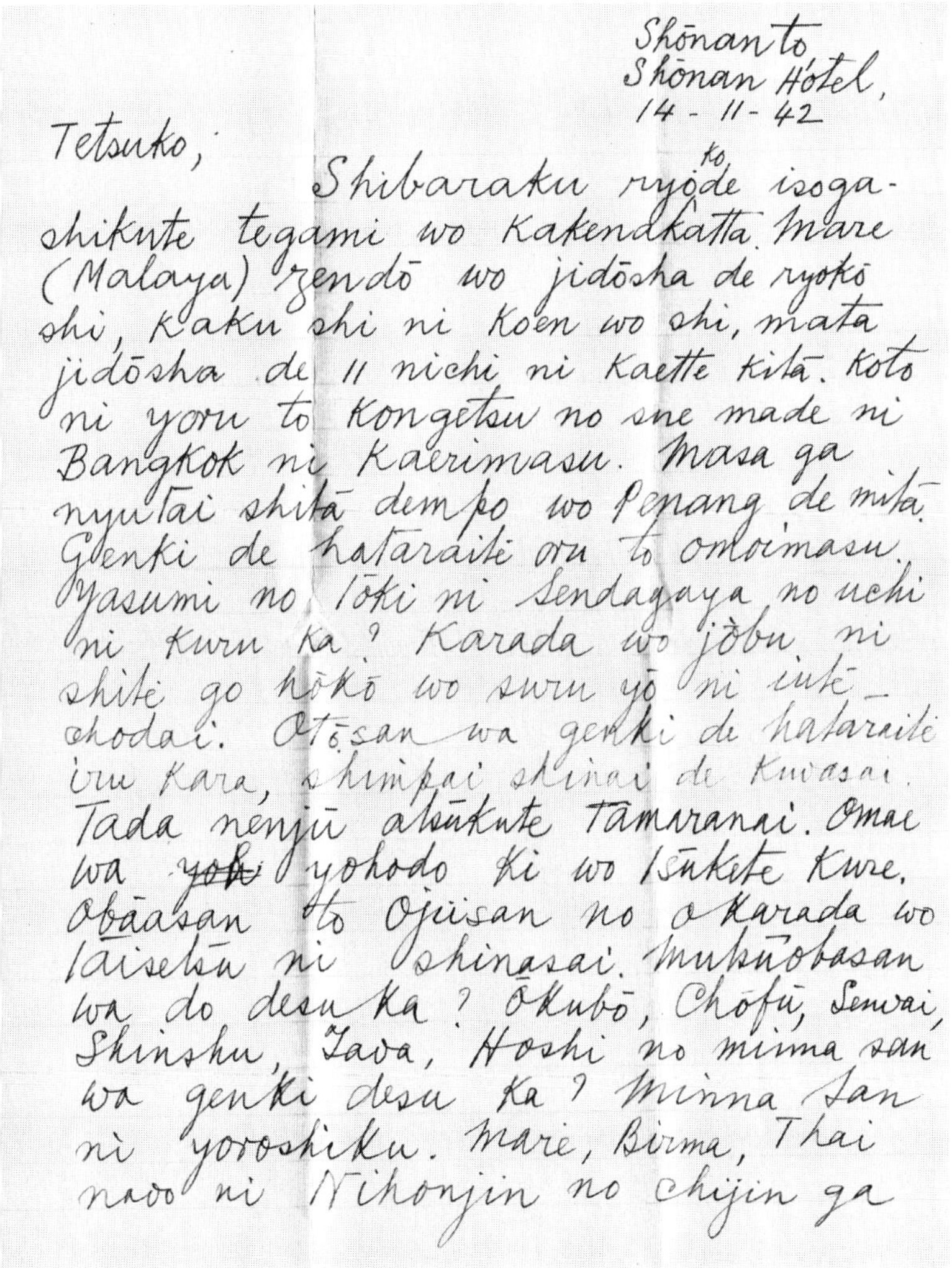
Shōnanto
Shōnan Hōtel,
14-11-42

Tetsuko;

Shibaraku ryokō de isogashikute tegami wo kakenakatta. Mare (Malaya) zendō wo jidōsha de ryokō shi, kaku shi ni kōen wo shi, mata jidōsha de 11 nichi ni kaette kita. Koto ni yoru to kongetsu no sue made ni Bangkok ni kaerimasu. Masa ga nyūtai shita dempō wo Penang de mita. Genki de hataraite oru to omoimasu. Yasumi no toki ni Sendagaya no uchi ni kuru ka? Karada wo jōbu ni shite go hōkō wo suru yō ni iite chodai. Otōsan wa genki de hataraite iru kara, shimpai shinai de kudasai. Tada nenjū atsukute tamaranai. Omae wa ~~yoh~~ yohodo ki wo tsukete kure. Obāasan to Ojiisan no o karada wo taisetsu ni oshinasai. Mukōobasan wa dō desu ka? Ōkubō, Chōfu, Senzai, Shinshu, Java, Hoshi no minna san wa genki desu ka? Minna san ni yoroshiku. Mare, Birma, Thai nado ni Nihonjin no chijin ga

父からの手紙

このような手紙は、大抵、二ヶ月ほど遅れて東京に届きました。私も頻繁に返事を書きましたが、それがバンコクやシンガポールに到着するのは、また二ヵ月後。

結局、父は自分の書いた手紙に対する私からの返事を、四ヶ月ほどたって読んでいたわけで、とてももどかしく、また歯がゆい思いをしました。私は、とにかく「周りの人は元気ですので安心してください」ということばかりを書いていたように記憶しています。

帰国

父は、インド国民軍の中で、大変苦労したようです。インドの方と日本の軍人の板ばさみにあったようで、なかなか調整がうまくいかなかったようです。

そのような過程で、父は体調を崩し、急にやせこけてしまいました。しかし、手紙では一言も体調が悪いなどとは書かず、「家族には心配させまい」と気丈に振るまっていました。そのため、私は手紙を受け取るたびに「元気でやっているようで、よかった」と安心していました。まさか、病気にかかって衰弱しているなどとは思いもしませんでした。

そのような中、ドイツのヒトラー政権に庇護されていたチャンドラ・ボースさんを日本に招致するという秘密作戦が敢行され、一九四三年五月、チャンドラさんが東京に到着しました。

父は当時、シンガポールで仕事をしていましたが、その情報を聞き、東京に飛んで帰ってきました。ちょうど一年ぶりの帰国でした。

一九四三年五月二七日に東京に到着したのですが、その日、相馬家に皆が集まって、父を迎えました。

父の顔はげっそりとして、肩の肉も落ちてしまっていました。髪の毛もすっかりなくなってしまっており、別人のような姿でした。私はとても驚くと共に、南方での父の苦労を想いました。

父はこの数日後、帝国ホテルでチャンドラさんと会い、インド国民軍の代表をバトンタッチすることにしました。また、チャンドラさんを頭山先生のところに連れて行き、紹介をいたしました。

そして、またシンガポールに戻り、チャンドラさんをインド国民軍に正式に

帰国した父を迎えて

迎えました。

父は、チャンドラさんにトップの座を譲った後も、シンガポールにとどまって仕事を続けようとしました。しかし、体の状態が思いのほか悪く、しばらくペナンで療養することになりました。

しかし、それでも体調が回復することはなく、ついに日本に帰国することを決心しました。

九月二一日。

父が再び東京に戻ってきたのですが、このときは、五月に一時帰国したときよりもさらに痩せ衰えていました。「これはいけないな」と思いました。

帰国後の会合にて

二人で安曇野へ

父が帰国してすぐ、二人で安曇野に行く機会がありました。このとき人生で初めて、長時間、父と二人だけで過ごすことができました。しかし、安曇野に着くと親類への訪問に忙しく、なかなか落ち着いて話をする時間はありませんでした。

「それでは、温泉でもつかってのんびりしよう」ということになり、一泊二日で浅間温泉に行ったのですが、ちょうどチャンドラさんによって仮インド自由政府が樹立されたばかりで、その感想を記者の方たちが聞きに押し寄せ、ゆっくり話どころではありませんでした。記者の方たちは帰りの夜の汽車まで追いかけてきて、私は一人、しょんぼりと窓の外の闇を眺めていたという始末でした。

安曇野から東京に戻ってからも、父は各種の会合に出席するため、せわしない日々をすごしていました。私は当時、三鷹の航空研究所に勤めておりました。父の体調を気にしつつ、仕事に忙しい毎日を送っていました。

しかし、翌年（一九四四年）の三月になって、父の体の具合が一気に悪くなり、床に伏せる生活になってしまいました。このときから、私は穏田の家に泊まりこんで、朝晩に父の看病をしつつ、三鷹まで仕事に通う生活になりました。

病床の父

床についてからも、父は新聞を読み、ラジオのニュースを聞くことを欠かしませんでした。さらに体が悪くなり、自分で新聞を読むことが出来なくなっても、私に知りたい記事を詳しく読ませました。

一度、新聞を読んでいるときに、数字を間違えてひどく叱られました。体は弱ってしまっていても、頭は驚くほどはっきりしていました。政治情勢も、逐一、気になっていたようです。インド独立にかける情熱も変わりませんでした。

チャンドラさんが日本の軍隊とうまく行かないときには、こちらから電報を打ちました。「陸海軍に寄付をしたらどうだろうか」なんて電報を打つと、二、三日後の新聞に「チャンドラ・ボース氏が陸海軍に寄付」と出るわけです。「彼は日本人の気質がわからないから、ずいぶんと苦労しているだろう」と言い、常にチャンドラさんとインド国民軍の行く末を、心配していました。

一方で、父は早い段階から、日本が戦争に負けることを察知していたようでした。兄が軍隊に入っているので、直接的には言いませんでしたが、親しい人には「もうだめだよ」と漏らしていたようでした。私に弱音を漏らすことは、一切ありませんでした。南方での苦労話も一切しませんでした。

ただ、五月には「もう命は長くない」と覚悟したようで、一九日に遺書を書きました。

――仕事は駄目だった。インド独立も見ることはできない。インドに帰ることすらできなかった。

そんな思いが重なって、ひどく落胆している様子でした。

そのすぐ後だったと思いますが、来日中のチャンドラさんがお見舞いに来てくれました。赤いバラをいっぱい抱えてこられたのですが、その印象が今でも強く残っています。

あわただしい日程の中お越しくださったため、挨拶もそこそこでお帰りでしたが、「この人にはほかの人にはないオーラがある」と感じました。日本人では頭山先生に感じるようなオーラでした。チャンドラさんも頭山先生も、前に出ると、自然と頭を下げたくなる方でした。

九月ごろになると、余命いくばくもないという状況になりました。

東北大学の熊谷先生に見ていただいたのですが、「もう、長くはないから、好きなものを食べさせなさい」ということで、長い間ストップしていたカリーを食べさせました。それまでは、辛くて脂っこいものはよくないということで、カリーを食べさせることはやめていたのですが、「もう、何でも食べさせていい」ということで、父が食べたがるカリーを出しました。

私は「もう先は短い」と宣言されたようで、がっくりしました。父も、そのような状況であることはわかっていたのでしょう。カリーを食べて喜んでいましたが、あまり量は食べませんでした。

帰国後、頭山先生と

頭山先生の死

父が最も落胆したのは、一〇月に頭山先生がお亡くなりになったときでした。

その知らせが入ったとき、私は勤めに出ていたため父のそばにいませんでしたが、父は「そうか」と一言つぶやいて、流れ落ちる涙をタオルでぐっと押さえていたそうです。

「病名は何か?」

「胃潰瘍だそうです」

「ではお苦しみになっただろうな、奥様はお傍におられたか?」

「おられたようです」

それきり、何も聞きませんでした。

父は、一度でいいから、頭山先生を独立したインドにお連れしたいという思いを持っていたようです。できれば、復興が叶ったアジアを、先生とともに廻りたかった。それまでは、何とかがんばろうという思いでいたにもかかわらず、先生がついにお亡くなりになり、がっかりしてしまったようでした。

——日本の情勢も悪い。頭山先生も亡くなった。自分の体も動かない。

父は、もう絶望してしまった様子でした。

それからというもの、まったく病床でわがままを言わなくなりました。それが、逆に私にはこたえました。

年末になると、空襲が始まりました。

夜中、ウーッとサイレンが鳴り出すと、私は身支度をして父の枕元に座りました。

一度、近所に爆弾が落ちたことがありました。ちょうど、私は穏田の家の階下におりましたが、びっくりして階段を駆け上がり、滅茶苦茶に父の上に布団をかけましたが、父は静かに落ち着いて顔色ひとつ変えませんでした。健康な私共でさえ、B29の爆音を頭上に聞くと、じっとしていられないのに、寝たきりで動けない父が気の毒でたまらなかったのですが、その静かな顔付きを見ると、うろたえた私のほうが恥ずかしくなりました。

そのときだったと思います。

父は私に言いました。

――「平凡に暮らせよ。」

私は「うん」と言って、それきり言葉が出てきませんでした。

これが私にとって、最も印象深い一言でした。自分の生涯が平凡でなかったからだと思うのですが、子どもには平凡に暮らしてほしいと心から願っていたのだと思います。

ちょうどこのころ、兄が一時的に帰ってきました。軍の自動車の買い付けを命じられたようで、しばらく東京に滞在することになりました。

父はうれしそうにしていましたが、特に兄と話をしたということはありませんでした。「若い者は純粋に考えているから、その夢を壊したくない」と、日本が戦争に負けるという見通しなどを兄に伝えることはありませんでした。

死のとき

年が明けて、一九四五年一月二〇日。

早朝に脳内出血を起こし、体が半分動かなくなりました。前日まではラジオを聴いていたのですが、そのようなこともできない状況になりました。ただ、話はしっかりとできる状態で、声を掛けると返事をしてくれました。

その日のうちに、相馬家の人々が集まってきました。

「もう駄目なのだな」と覚悟を決めました。

夜になって、いよいよ最後のときが近づくと、父は大きな声で「正！」「哲！」と叫びました。それから臨終のときまで、「正！」「哲！」を繰り返しました。

私は、そのときずっと首を振っていたそうです。「いやだ、いやだ」という表情だったそうです。自分では全く覚えていないのですが、臨席していた方に後から聞かされました。一月の終わりですから、ものすごく寒かったはずなのですが、まったく寒さを感じませんでした。

父は、兄と私、そして相馬家の人々に囲まれて、その日のうちに息を引き取りました。

五八歳でした。

祖父は臨終に立ち会うことができたのですが、祖母は体の具合が悪く、穏田まで駆けつけることができませんでした。

祖母からは、父が息を引き取ってすぐ、電話がかかってきました。そして私に対して、強い口調で「人前で泣くな」と言いました。

泣いちゃいけない、泣いちゃいけない。

そう思いながら、慌ただしく葬儀の準備を始めました。
「いつか泣こう、泣こう」と思っているうちに、六〇年以上が経ってしまいました。

父の葬儀

葬式は、身内だけの密葬と、公の場での本葬を行いました。

ほとんどの段取りは、葛生能久さんをはじめ黒龍会の方々がなさってくれました。皆さん、穏田の家に集まって、案内状なども書いてくださったので、祖父などはやることがなく、相馬の家に帰りました。兄は軍での仕事があるため、出て行きました。

結局、家族では私だけが家に残って、雑事に追われていました。

本葬は、一月二九日に芝の増上寺で行いました。葬儀委員長は広田弘毅さんでした。いろいろな方が来てくださり、私の友人も来てくれたのですが、慌ただしくしていたため挨拶どころではありませんでした。インド人の同志の方々も来られていました。セイロンの方も来て、ご自身の国のお経を唱えていました。

父の遺書は、本葬の前の日に開けました。祖父・祖母・叔父・叔母・兄・私の六人の前で開封してほしい旨が書いてあったため、ようやく六人が揃った日に開けました。

すると、一番に「No Funeral」（葬式はしないように）と書いてある。

これには驚きました。

すでに密葬を済ませ、明日の本葬の準備も整っている段階です。もう、葬儀をしないというわけにはいかない。

そして二番目に、「死体を献体してほしい」と書いてありました。

しかし、もう密葬から一週間も経って、すでに火葬も済ませている。

遺書はすぐに開けるものだそうですが、とにかく祖母が病気で寝込んでいたため、六人がなかなか揃わなかった。ようやく揃ったのが、本葬の前日だったのです。

第一番と第二番をかなえることができず、本当に申し訳なかったと思っています。

あとの遺言は、遺産の相続に関することでした。

この日、私は兄と二人で大久保の道を歩いていました。そのときめったに話しかけない兄が、ふと、私に言いました。

「あとは頼むね。」

――父が死に、兄は再び戦地に旅立つ。

私は一人、取り残された気持ちになりました。

父の葬儀

勲章

生前、葛生さんがいろいろと手配してくださったようで、父が勲章をいただくという話がありました。その話を父にすると、喜ぶかと思っていたら「勲章なんか」と言って一笑していました。

結局、勲章をいただくことになり、その勲記を見せていただくと「大東亜戦争の功により」と書いてありました。祖母はそれを聞くと「そんな理由でもらう必要はない」と怒りました。

勲章は、亡くなって数日後に参謀本部の方がもってきました。「要りません」と言って突き返す訳にもいかず、父もきっと苦笑しているだろうと思いながら霊前に飾りました。

父もあと数年生きていれば、インドの独立を知ることができたわけですが、一方で終戦直後には戦犯容疑者として巣鴨プリズンに入れられていたでしょうし、どちらがよかったのか判断はつきません。ただ、父にはインド独立を見せてあげたかったと強く思います。

とにかく、最後の最後までラジオを聞き、情勢を気にしながら、インド独立を夢見ていました。父の生涯は、インド独立に捧げられたものと言っていいかもしれません。

兄の死

葬式の後、兄は再び戦地に戻りました。

行き先は沖縄でした。

そして、その沖縄で戦死しました。

どのあたりでいつ死んだのか、いまだに詳細はわかりません。ある人は「投降して出てきたところをアメリカ兵が後ろから撃った」と言っていましたが、それも確認することはできません。

長い間、墓石には兄の名前は刻みませんでした。まだ生きているかもしれないという思いが消えなかったため、そうしていたのですが、一九七〇年ごろ、ついに名前を刻みました。

戦後になって、娘と沖縄に行き、「平和の礎」に兄の名前があるのを見て、兄の死を実感しました。さすがに、そのときは涙が出ました。

祖母は私の前では気丈に振舞っていましたが、一人、こっそり仏壇の前で泣いていたようです。何と言っても、兄は祖母にとって初孫ですし、いっしょに暮らしてきたわけですから、こみ上げるものを抑えきれなかったのでしょう。私は、祖母から「人前で泣くな」と言われていたので、家の中では泣きませんでした。しかし、公報で兄の戦死の知らせが来たときは、疎開先の裏山の杉の木のところに行き、思いっきり泣きました。そして、それでおしまいにしました。

父にとっては、兄の戦死の知らせを受ける前に息を引き取ることができて、よかったのかもしれません。ただ、情勢に絶望して死んでいったことは、今でも残念でなりません。

東京大空襲

父の葬儀のあと、東京にも爆撃機が頻繁にやってくるようになり、疎開を余儀なくさせられました。しかし、四九日までは何とか相馬の家にとどまったのですが、それがすむとすぐに五日市に避難しました。

その翌日から、東京は火の海です。

四月一三日には中村屋が焼けました。西大久保にあった相馬の家も焼けました。

なんとか原宿方面は無事だったのですが、五月二五日に爆撃にあい、穏田の家も全焼しました。

疎開先では祖父母と一緒でした。

ボース家の墓（多磨霊園）

毎日、苦しい生活でしたが、このときはじめて祖父母とじっくり話をすることができました。これまで相馬の家では、連日お客さんが来ていて、ゆっくりと話をすることなどできませんでした。大きな家で、個室もありましたし。

もし、疎開の機会がなく、そのままで年月が経っていたら、祖父母に対して親近感を持たずに終わってしまったのかもしれません。疎開先の狭い二間で膝をつき合わせて、いろいろなことを話しました。それは、不幸中の幸いで、いい機会だったと思います。

やはり、子どもの頃に母が亡くなり、父とは離れて生活する毎日は、寂しいものでした。学校から帰ると、その日のことを話したいという思いが強くありました。しかし、それができなかった。

だから、自分に子どもができたときには、しっかりと話を聞いてあげようと思いました。

穏田の家

穏田の家は、全焼したのですが、門柱とレンガの塀だけが残りました。

「穏田の赤レンガ」として名物になっていたので、何とか残したいと思っていたのですが、やはり中はぼろぼろで、前を通る通勤客の危険になるということで取り壊すことになりました。

壊すとき、私は別のところにいて、崩れる瞬間を見ませんでした。

母が死んで出棺するときも、父がバンコクに行くときも、兄が出征するときも、その門から出て行きました。父が何度もくぐり、亡くなったときもそこから出て行った訳で、それが倒れるところを見ることは、どうしても辛くてできませんでした。

祖父は一九五四年、祖母は一九五五年に亡くなりました。祖母は亡くなるまで、「ボースのことは自分が伝えなければならない」と思っていたらしく、お客さんが来ると父の生涯をとうとうと語っていました。その姿は凛として、堂々たるものでした。

そんな祖母が亡くなり、自分ひとりが残された気持ちになりました。祖母と父という絶対的な人がいなくなり、呆然とした覚えがあります。

一九五七年には当時のインドの首相・ネルーさんが来られ、ご挨拶をしました。これは父とも深い関係にあった在日インド人のムズンダルさんがお膳立てしてくれました。

私自身は戦後すぐの一九四六年に結婚しました。

祖母はロシア文学に傾倒していたため、ロシア文学者の昇先生と親しくさせていただいていたのですが、その甥が主人です。

父へ

思えば、もう父が死んだ歳を優に越えてしまいました。

父とはもう少し一緒に住めればよかったと、今になって思います。どうしても秘書の方や女中さんがいるところで、しかも週末だけしか一緒にいれなかったわけですから、なかなか心から話をすることができなかった。

母がもう少し生きていたらと思うこともあります。

しかし、父は心の中でわかっていることはあえて口に出さないような人でしたので、これでよかったのかもしれません。深いところで、父とは心が通じていたような気がします。

兄も同様でした。無口な兄とは、じっくり話をすることもありませんでしたが、心は通じ合っていました。

父には、あの世で母と兄と共にのんびりとしていてほしいと思います。激動の生涯を送った父をゆっくりと休ませてあげたいと、心から思います。

写真で見るボースの歩み

解説　中島岳志

写真の経緯

ここに紹介する写真は、すべて本書の著者・樋口哲子さんが長年にわたって保管してきたものである（現在は大東文化大学付属図書館に委託・保管されている）。本文中にもあるように、哲子さんは一九四五年三月、東京大空襲が始まる直前に、父ボースの遺品を抱えて疎開先に逃れた。これによって多くの貴重な写真や書簡類が戦禍を逃れ、今日の我々の日に触れることとなった。

しかし、哲子さんによると、これらの史料はごく一部で、実際はさらに多くの遺品があったという。残念ながら、残りのものは戦災によって焼失してしまい、現在、それらを見ることは出来ない。しかし、哲子さんのもとに保管されてきた史料は、これまで埋もれてきた近代アジア史の重要な側面をダイナミックに伝える一級の史料ばかりだ。ボースをめぐる知られざる人脈やネットワークが、これらの写真や書簡類を分析することによって明らかになってくる。ここから新しい歴史の事実が開かれる可能性は高い。

ここでは、それらの写真の一部を紹介しつつ、日本におけるボースの歩みを簡単に振り返っていきたい。

東京での地下生活

ボースは一九一五年六月五日、神戸に上陸した。そして、すぐさま上京し、日本に潜むインド人革命家との接触を試みた。さらに、当時、箱根に滞在中だった孫文と接触し、頭山満をはじめとする玄洋社・黒龍会のメンバーと知遇を得た。

日本での生活になじみ始めた頃、彼の身分がイギリス大使館に知られることとなり、イギリス政府と日本政府の間で、身柄の引渡しをめぐる水面下の交渉が始まる。当初、日本政府はイギリスからの要求を巧みにかわし、ボースの身を守ろうとする。しかし、同年一一月二七日、ボースらが中心となって開催された反英色の強い政治集会がイギリス政府の逆鱗に触れ、日本政府はボースの五日以内の国外退去

1

を命ずる。

　この危機を救ったのが、頭山満だった。

　翌日に退去期限を控えた一二月一日の夕方、ボースは赤坂・霊南坂の頭山満邸から逃亡し、新宿中村屋に匿われた。そして、国外退去命令が解かれた翌年の春、現在の乃木坂駅近くの麻布新龍土町へ密かに引っ越した。ボースは、逃亡を支えた関係者をこの家に招待し、インドカリーを振舞った。彼は中村屋に匿われていた間に勉強した日本語で挨拶し、玄洋社・黒龍会のメンバーを驚かせた。

　このときに撮られた写真が1である。前列は、右から順に犬養毅、ボース、寺尾亨。真ん中の列は、右から杉本順造、葛生能久、水野梅暁、佃信夫、池田医。後列は右から中村弼、内田良平、宮崎滔天、大川周明である。犬養はこのとき食したインドカリーがいたく気に入ったようで、一九二二年二月七

日、葛生能久に宛てた書簡（大東文化大学付属図書館に委託保管）で「ライスカレーの味ハ今迄忘れられす」と述べている。

国外退去命令の解除を受けたボースだったが、イギリス大使館は探偵を雇って、ボースの行方を探り続けた。そのため、彼はこの後、約五年もの間、関東地方各地を点々とする地下生活を送ることを余儀なくされる。しかし、その間に、彼は中村屋の娘・相馬俊子と結婚し、一九二〇年八月には長男・正秀を授かった。

一九二一年に入り、ボースは探偵から追われることがなくなり、晴れて自由の身となった。彼はこの年から公の場に姿を現すようになるが、そのきっかけとなったのが、同年六月一四日に起こったH・T・アタル自殺問題であった。アタルは当時、東京外国語学校のヒンドゥスターニー語（ウルドゥー語）教

師であったが、次第にイギリス大使館からの圧力に耐え切れなくなり、自ら命を絶つに至った。2は、六月一七日に行われたアタル告別式の様子である。ここにボースが写っているかどうかは判然としないが、この告別式や六月二三日に東京帝国大学で開催された「アタル氏追悼印度問題講演会」が、ボースにとって再び表舞台に姿を現す重要な機会となった。

この後、ボースは東京を中心に在日インド人を組織し、日本におけるインド独立運動を展開し始める。同年一〇月二七日には「印度人倶楽部」を創設し、活動の基盤を整えていった。

4

3

タゴール、プラタープ、サハーイ

一九二四年六月、アジア人として最初のノーベル文学賞を受賞したラビンドラナード・タゴールが来日した。タゴールは一九一六年に来日しており、このときは渡米のための経由を含めると、三回目の訪問だった。タゴールは来日に際して、滞在先の北京からボースに宛てて手紙を書き送っている。そして、そこで彼に東京でのサポートを要請している。予定通り、東京に着いたタゴールは、ボースとの面会を果たし、インド独立に関する意見交換を行う3。

一九二九年五月、タゴールは五度目の来日を果たす。このときもタゴールはボースを頼り、東京でインド人革命家らと会合の場を持っている。この東京滞在時に撮影されたのが4である。これは五月一二

5

日に増上寺で開催された「タゴール友の会」歓迎会の様子で、ボースの姿が前列右端に見える。ちなみにタゴールから右に二人目の和服の女性は、戦後に参議院議員となった女性解放運動の旗手・高良とみである。

一九二〇年代のボースにとって重要なのは、R・M・プラタープとA・M・サハーイという二人のインド人革命家との出会いである。

プラタープは北インドの王族出身の活動家で、世界各地に独自のネットワークをもつ人物であった。彼は一九二一年に来日し、以降、東アジア各地を転々としながら、独自の活動を展開した。5は、一九二八年三月に和歌山の新和歌ノ浦で撮影されたもので、両者が共に手を携えて、日本各地を講演旅行して廻っていた様子が伺える。なお、プラタープはこの頃、盛んに世界連邦主義を説き、大川周明を

6

はじめとする行地社のアジア主義者たちに影響を与えていたが、一九三〇年代に入って政治的失敗を繰り返し、次第にその影響力を失っていった。

一方、サハーイはガンディーが主導する第一次非協力運動に参加した国民会議派の活動家で、ネルーをはじめとするインドの有力者とのパイプをもっていた。6は一九三三年に大阪で撮られた写真で、中央の人物がサハーイである。彼はインド人商人のコミュニティが形成されている神戸を中心に活動を展開し、国民会議派の日本支部を創設した。

世界的な反植民地主義者のネットワークとつながるプラタープとインド国民会議派の有力者とつながるサハーイと連携したことによって、ボースはその活動の幅を大きく広げることになった。

7

「寂しい」

一九二〇年代後半以降、ボースは日本人有力者とのネットワークを拡大させていく。彼は、たびたび政治家や軍人の会合に呼ばれ、インド独立を訴えた。このような柔軟な姿勢が、日本における彼の政治的影響力を大きくさせた一方で、日本の帝国主義的アジア政策への批判力を奪うことにもつながった。

ボースは一九三〇年八月、山形県酒田で開催された行地社主宰の「夏期大学」に講師として出向する。行地社は大川周明が中心となって活動を展開していた右派団体で、酒田は大川が生まれ育った町であった。

7は八月七日に撮影されたもので、前列左には大川の姿も見える。

ボースはこのとき、庄内地方の風景に、ふるさとベンガルの光景をかぶらせ、感傷に浸ったという。──遠くまで続く田園と海に沈む夕陽。彼はこの光景を見て、思わず「寂しい」と叫び、涙を流した。

8は一九三一年一二月三日に都新聞のカメラマンによって撮影されたものである。手前には頭山満、その隣には犬養毅の姿が見える。犬養は、この宴席の一〇日後、首相に就任し、翌年の五・一五事件で暗殺される。ボースはここで最も重要な後見人の一人を失うことになる。

この頃、ボースは東京で印度独立連盟を結成し、在日インド人による独立運動の拡大に本腰を入れた。9は、一九三二年一月六日に撮影された印度独立連盟の会合の様子である。また、10は鎌倉市極楽寺に立てられた「東洋平和発祥の地」碑の前で撮

られたものである。この場所は、一九一三年の孫文訪日の際、秘密会談が行われたところとされ、一九三〇年には、ボースをはじめとする印度独立連盟のメンバーが日本・中国・インドの連帯を訴え、この場所で独立旗を掲げた。「東洋平和発祥の地」碑は、これらを記念して一九三三年二月に建立された。題字は頭山満の筆による。

一九三三年一〇月八日に神戸で撮影されたもの。
神戸在住のインド人商人たちとの連携の様子が伺える。

上段　自宅の縁側で。
下段　中国・台湾・韓国の活動家と。

東アジアにおける人脈

一九三四年五月、ボースは安岡正篤と共に、朝鮮・満州を訪問した。

11は京城で撮影されたもので、真ん中に安岡の姿が見える。12は、5月10日に朝鮮神宮で撮影されたもので、13は5月13日に朝鮮日報社で撮影されたものである。

14は、五月二九日に大連で撮影されたもので、右がA・M・ナイル、左が筧義章である。ナイルは関東軍と連携し、満州・モンゴルにおける反英運動の拡大のために活動していた人物で、「大東亜」戦争時はボースの片腕となって活躍する。筧は広島・本照寺の住職で、このときは満州での布教活動に従事していた。

12

13

ボースは帰国後、日本の朝鮮・満州の統治を、いくつかの媒体で批判している。またナイルの回想によれば、ボースは満州で「日本の政策を公然と批判し」、陸軍大臣に宛てて「日本の中国人虐待を強く非難する電報を書き上げ」たという。（A・M・ナイル『知られざるインド独立闘争——A・M・ナイル回想録』風濤社／一九八三年／一四一頁）

この頃、ボースは在日朝鮮人の秦学文と親交を深めていた。秦は朝鮮と日本で活躍した実業家・ジャーナリストで、後に満州国生活必需品株式会社の常務理事に就いたことでも知られる。

彼は一八九三年、「京城」に生まれ、中学卒業後に日本に渡り早稲田大学に入学。島村抱月に私淑し、演劇を専攻した。早大卒業後は朝鮮に戻り、新聞記者や雑誌の主幹を務めたが、一攫千金を夢見てブラジルに渡航。しかし、当地で失敗を繰り返し、朝鮮

14

15

に戻った。彼は、三・一独立運動の際の「独立宣言書」の起草者として知られる崔南善のもとを訪れ、彼が主宰する知識人クラブ「啓明倶楽部」で仕事を始めた。

一九三〇年代初頭、秦は再び東京に渡り、各方面の人脈作りに奔走しはじめる。そしてその頃、知り合ったのがボースであった。15は、一九三四年一二月一五日に秦の自宅で撮影されたもので、ボースの右隣が崔南善、左側が秦である。

ボースと秦は、日本人と結婚したことや故郷喪失者であるという境遇の近さから意気投合し、頻繁に銀座で酒を酌み交わした。そして、その際には必ずと言っていいほど、互いの心境を思いながら、無言で涙を流したという。日本政府に依拠し反英闘争を続けるボースにとって、日本の帝国主義に苦しむ友人の姿を見ることは、辛くやりきれないことだった

のだろう。ボースが、日本で味わった苦悩がここによくあらわれている。

ちなみに秦は、関東軍の辻正信に気に入られ、満州国内務局参事官に就任し、以後、満州の朝鮮人の待遇改善に奔走した。

印度独立殉死者追悼式

一九三五年。

ボースは来日二〇年目を迎えた。

彼はインド独立運動に身を殉じた同志たちの慰霊祭を行うことを発案し、一九三五年一一月一七日、京都の知恩院で「印度独立殉死者追悼式」を挙行した16。これには頭山満や『中外日報』創刊者・真渓涙骨が全面的に援助し、盛大な式が執り行われた。

ボースは、この式の間、インドで共に戦い処刑されていった仲間の顔が走馬灯のように駆け巡ったという。彼は、この式後「余の一生の一大事をし了せた」と語り、深い感傷に耽っている。

また翌年には五〇歳となり、「自分の人生は失敗ではないか」と苦悩している。この年の前半は、悲しみに暮れる日々が続き、ライフワークとしていた雑誌『新亜細亜』の発行も滞った。

日中戦争の勃発・ナチスドイツとの連携

しかし、一九三七年七月、日中戦争が勃発すると、ボースは再び活発な言論活動を展開し始める。17は一九三八年三月二日に仙台で行った講演会の様子である。彼は各地で「支那事変は中国との戦いではな

18

く、イギリスとの戦いである」と主張し、日本の輿論を鼓舞した。

ボースはこの頃、大亜細亜協会の活動を通じて知遇を得た陸軍の大物・松井石根と親交を深めた。18 19は、一九三八年六月一九日に中村屋で開かれた印度独立連盟の会合に、松井を招いた際の写真である。二人の後ろには、学生服姿のインド人青年の姿も見える。

この頃も、頭山満をはじめとする玄洋社・黒龍会関係者との親交は続いていた。20は、一九三八年五月三一日に朝日新聞社が主催した「戦争美術展覧会」の様子、21は、一九四〇年九月二八日に開催された「金子雪斎翁追悼会」での記念写真である。22は、撮影年は特定できないが、頭山満が日本とインドの国旗を手にし、両国の橋渡しを表現している点が興味深い。

20

19

21

22

日中戦争の前後になると、ボースはインドに利害関係を有する関西財界とのパイプを強化する。一九三八年八月二七日には大阪株式取引所を訪問し(23)、財界の有力者との会合を重ねた。

24は、一九三九年六月二日に神戸海員会館で開催された「反英大会」で壇上からインド独立を鼓舞するボースの姿である。25 26は、一九四〇年七月二〇日に開催された「外交大転換神戸市民大会」の様子で、壇上から懸命にナチスドイツとの連携の重要性を訴えている。

23

25

24

26

デーシュ・パーンデー

一九三〇年代後半、印度独立連盟の中で頭角を現した若き革命家がいた。

デーシュ・パーンデーである。

彼は一九三〇年、柔道を習得するために来日した人物で、講道館で練習に励む傍ら、印度独立連盟に参加し、ボースを懸命に支えた。

彼は、一九四一年六月一三日に日本人女性・河村賀永子と結婚。その様子が27である。この結婚は多くの新聞で報じられたが、『報知新聞』には次のような記述が見られる。

新婦は千代田高女卒業、純日本趣味の女性そのローマンスは秘められてゐるがパンデ氏の志士的

28

熱情に二三年前から純愛をかたむけてきた賀永子さんのために在日インド人の父ボース氏が一肌ぬぎパンデ氏の人格にほれこんだ大政翼賛会総務葛生能久氏が媒酌人となつて結ばれた

（『報知新聞』一九四一年六月一四日）

パーンデーは、この後もボースの片腕として活躍し、「大東亜」戦争中は、ボースと共に東南アジアに渡ってインド国民軍の運営にあたった。しかし、一九四三年、日本へ帰国の際に乗船した船が撃沈され、短い生涯を閉じた。

「大東亜」戦争勃発

一九四一年一二月八日、「大東亜」戦争の開戦が

29

30

伝えられると、印度独立連盟のメンバーは内幸町のレインボーグリルに集合し、対策を協議した。そのとき撮った写真が28である。前列は、左からサハーイ、ボース、パーンデー、後列は左から、ナーラーヤン、リンガム、ジャヤ・セン、グプタ、ラーマムルティである。サハーイが、手に戦争勃発を知らせる英字新聞を握っているのが印象的である。

　彼等は協議の結果、この戦争をインド独立に結び付けるべく、日本政府に働きかけることで一致した。そして、一二月二六日、東京鉄道ホテルで「全日本印度人大会」を開催し、イギリス帝国主義打倒の気勢をあげた29。

　ボースはこの後も、積極的に各方面に働きかけ、日本の軍事力によるインド独立を訴えた。30は、一九四二年一月二三日に大阪中ノ島の中央公会堂で開催された「亜細亜民族大会」に出席したときの写

31

32

33

真である。ボースの厳しい表情が印象的である。

このような活発な活動が実り、シンガポール陥落の翌日（二月一六日）、東条首相が議会演説でインド独立問題に言及し、「大東亜共栄圏」にインドを含めることを宣言した。これを受けてボースは記者会見し、インド人の決起を促す声明を発表した。

彼は更なる根回しと、輿論の喚起に奔走した。31は、三月四日に中村屋で開かれた「謝恩会」で、頭山満をはじめとする玄洋社・黒龍会のメンバーに、支援の継続を要請した。また、ボースは関西方面もたびたび訪れ、財界をはじめとする有力者に協力を嘆願した。32は、四月一二日に、大阪江戸堀の料亭「石川」で撮影されたもので、33は四月一四日に大阪朝日新聞を訪れたときのものである。彼が、関西の財界・仏教者・ジャーナリストに広い人脈を築いていたことがわかる。

34は、三月九日に後楽園球場で開催された「大東亜民族交歓大会」での演説の様子である。この頃、彼は連日のように演説会に出席し、国民にインド独立の重要性を訴えていた。

三月二八日から三〇日までの三日間、東南アジアで日本軍の進軍に協力したインド人の代表者が東京山王ホテルに集められ、ボースを中心とする印度独立連盟との協議を行った35。これは会場になったホテルの名前をとって、通称「山王会議」と言われる。

ここで出された決意文には、大東亜戦争がインド独立の絶好の機会であるという認識が示され、日本と手を結んで完全独立の為に戦うべきことが謳われた。そして、東南アジアのインド人の意思統一を図るべく、バンコクで大規模の集会を開催することに決した。

35

36

東南アジアで

ボースは五月半ば、バンコクへ向けて出発した。そして、六月一五日から開催されたバンコク会議にいどんだ。

ここでボースは、インド国民軍を従えるインド独立連盟の代表者に選出され、東南アジアのインド人兵を指揮することとなった。彼は、タイ、マレー、シンガポール各地を飛び回り、会議や集会での演説を繰り返した36 37。

しかし、日本での滞在が長かった彼に対して、「日本軍の傀儡」との懐疑的見方をもつインド人は、後を絶たなかった。また、ボース自身の健康も思わしくなく、その求心力は徐々に失墜していった。

結局、インド独立連盟の代表の座をドイツから招

聘したチャンドラ・ボースに委譲し、彼は日本に帰国することとなった。東南アジアでの生活期間は、約一年三ヶ月だった。

37

激勵電文
自由印度假政府ノ樹立ト
米英ニ對スル宣戰布告トハ
日本國民ノ衷心ヨリ歡迎
慶祝スル所ナリ 假政府ハ飽
クマデ奮闘努力一刻モ速ニ
デリー進撃ノ目的ヲ達成シ
印度全國民ノ解放大東亞
共榮圈ノ基礎確立ニ邁進
セラレムコトヲ切望ス
昭和十八年十月二十九日
印度獨立激勵會

その死

一九四三年九月に帰国したボースは、体調の不良をおして各種の会合に出席し続けた。38は、一九四三年一〇月二九日に開かれた「インド独立を支援するための集会」の様子である。ボースの隣に最晩年の頭山満の姿が見える。

翌年（一九四四年）二月、ボースは吐血し、病床に伏せる生活がはじまった。病状は刻々と悪化し、自らの力で起き上がることも出来なくなった。

そして、一九四五年一月二一日、原宿穏田の自宅で息を引き取った。

五八歳だった。

年譜

Rash Behari Bose [1886-1945]

一八八六年（明治一九）　インド・ベンガル地方の農村に生まれる。幼少の頃、カルカッタの北に位置する仏領のチャンダンナガル（当時の呼称はシャンデルナゴル）に移り、そこで育つ。

一九〇一年（明治三四）　インド大反乱を描いた『サラット・チャンドラ』という本を読み、インド独立運動に目覚める。学校を退学し兵隊に志願するも、拒絶される。

一九〇三年頃（明治三六）　父親の勧めでインド北部のシムラーに移り、政府刊行物の出版関連の仕事につく。

一九〇六年（明治三九）　デーラドゥーンの森林研究所化学部門の実験補助員となる。独立運動の急進派のJ・M・チャタジーと出会い、独立運動の地下活動に参画する。以後、独立運動の中心地であるベンガル地方とパンジャーブ地方をつなぐ橋渡し役として活躍。

一九一〇年（明治四三）　森林研究所の営林署長に出世する。また、この頃、チャタジーがロンドンに逃れたため、その後を継いで急進派の指導者となる。

一九一一年（明治四四）　チャンダンナガルに帰省中に、ベンガル地方の独立運動を牽引する指導者のM・L・ローイと出会う。

オーロビンド・ゴーシュの宗教哲学を知り、大きな影響を受ける。

一九一二年（大正元）

一二月　デリーへの遷都を祝したパレードの最中、ハーディング総督に爆弾を投げつけ、重傷を負わせる。〈ハーディング爆殺未遂事件〉

一九一三年（大正二）

五月　イギリス側にR・B・ボースの素性がばれ、逃亡生活に入る。
彼の身には多額の懸賞金がかけられる。

一九一四年（大正三）　第一次世界大戦が勃発。
ドイツ政府の協力を背景にインド各地のインド人兵士の一斉決起を画策。

一九一五年（大正四）

二月　ラホールの兵営の決起を発端として、インド全土の兵営の反乱を図るものの、事前に情報が漏れて失敗。〈ラホール兵営反乱未遂事件〉

五月　P・N・タゴールという偽名を使ってカルカッタを出航。日本を目指す。

六月　途中、ペナン、シンガポール、香港を経て神戸に到着。

七月　東京で活動するインド人革命家と合流。孫文と出会う。

八月　約一ヶ月間、上海に渡り、武器の調達を画策。

一一月　五日以内の国外退去命令を受ける。

一二月一日	頭山満邸から密かに逃亡し、新宿中村屋に匿われる。
	以後、六年間にわたる地下生活を送る。
一九一八年（大正七）	中村屋の娘・相馬俊子と結婚。
	（一九二〇年に長男・正秀、一九二二年に長女・哲子が誕生）
一九二一年（大正一〇）	東京外国語学校インド人講師のアタルが自殺。
	「アタル氏追悼印度問題講演会」に参列。雲隠れ後、はじめて公の場に姿を現す。
一九二二年（大正一一）	この頃から『改造』や『東方時論』をはじめとする雑誌に投稿し、
	インド独立を訴える。
一九二三年（大正一二）	日本に帰化する。
一九二五年（大正一四）	妻・俊子が死亡。
一九二六年（昭和元）	
三月	雑誌『月刊日本』にて、日本の「支那通」に対する厳しい批判を展開する。
八月	全亜細亜民族会議（通称、長崎会議）にインド代表として出席。
	日本と中国の調停役として活躍。
一九二七年（昭和二）	新宿中村屋に喫茶部ができる。「インドカリー」を発売。
一九三一年（昭和六）	
九月	満州事変勃発。日本を擁護し中国を批判する論調を展開する。

一九三三年（昭和八）

三月　大亜細亜協会が発足。主要メンバーの一人に。

五月　『新亜細亜』の刊行を開始。

この頃、新宿にインド人留学生を世話する宿舎「亜細亜郷」を開設。

一九三四年（昭和九）

五月　朝鮮と満州を旅行。

一九三五年（昭和一〇）

一一月　印度独立殉死者追悼式を京都・知恩院で開催。

一九三七年（昭和一二）

七月　日中戦争（「支那事変」）勃発。

この頃、衆議院の代議士になることを目指す（ただし、実現せず）。

また、盛んにイタリア・ドイツとの連携を主張する。

一九三八年（昭和一三）

一九四一年（昭和一六）

一二月八日　「大東亜」戦争勃発。マレー半島進軍作戦が開始。

一九四二年（昭和一七）

二月一五日　シンガポール陥落。

二月一六日　東条首相の「対インド声明」。

二月一七日	山王ホテルで記者会見。インドの同胞に向けた声明を発表。
三月	東京山王会議開催。
六月	バンコク会議開催。インド独立連盟の総裁に就任。
	インド国民軍の最高指揮官に。
九月	インド国民軍内の不協和音が表面化。「ボースは日本の傀儡」。
一二月	モーハン・シンの罷免と軟禁。この頃、肺結核により体調を崩す。
一九四三年（昭和一八）	
五月	ナチスドイツに庇護されていたチャンドラ・ボースが秘密裏に東京へ。
五月二七日	急遽、東京に戻る。
六月一日	帝国ホテルでチャンドラ・ボースと面会。
	インド独立連盟総裁のバトンタッチが決まる。
七月四日	シンガポールにてインド独立連盟の大会が開催。総裁の交代が正式決定。
九月二一日	東京へ戻り、療養生活に入る。
一九四四年（昭和一九）	
二月	吐血。病床の生活に。
一九四五年（昭和二〇）	

一月二一日

原宿の自宅で死亡。五八歳。

二〇〇八年二月　五日　第一刷発行
二〇〇八年二月一五日　第二刷発行

父 ボース
追憶のなかのアジアと日本

著者　©樋口哲子《ひぐちてつこ》
編者　中島岳志
発行者　川村雅之
発行所　株式会社白水社
〒一〇一―〇〇五二　東京都千代田区神田小川町三の二四
電話　営業部〇三―三二九一―七八一一／編集部〇三―三二九一―七八二一
振替　〇〇一九〇―五―三三二二八
http://www.hakusuisha.co.jp
乱丁・落丁本は、送料小社負担にてお取り替えいたします。
装丁・レイアウト　矢萩多聞
印刷　株式会社理想社
製本　株式会社青木製本所
ISBN 978-4-560-03176-6 Printed in Japan.